AI 시대의 공부법

이 저서는 2017년 대한민국 교육부와 한국연구재단의
지원을 받아 수행된 연구임 (NRF-2017S1A6A3A01078538)

중앙대학교 인문콘텐츠연구소
HK+인공지능인문학 대중서

AI 시대의 공부법

AI 리터러시가 정답이다

정유남, 이영희
지음

추천사 1

인문학의 새로운 변화와 도전을 응원하며

두산연강재단, 중앙대학교 이사장 박용현

"새로운 흐름과 싸우고 있는가? 그렇다면 미래와 싸우는 것과 다름없다. 새로운 흐름을 받아들여라. 그 흐름이 순풍이 되어 당신을 앞으로 이끌어줄 테니……."

아마존 창립자이자 최고경영자인 제프 베조스의 말이다. 하루가 다르게 변화하는 현대를 살고 있는 우리에게 제프 베조스는, 변화의 물결을 거스르지 말고 빠르게 적응해 가며 미래를 선도해 가라 한다.

지금 우리는 어떠한 변화의 흐름 속에 살고 있는가? 인공지능AI, 4차산업혁명, 과학기술 등의 키워드를 어렵지 않게 떠올릴 수 있을 것이다. 인공지능AI이 4차산업혁명 시대와 맞물려 우리의 삶 속에 깊숙이 들어와 있다는 것을 부정할 사람은 아무도 없을 것이다. 산업, 과학기술, 문화 등 사회 전반에 걸쳐 하루가 다르게 빠른 속도로 진행되어 가는 모습은 치열한 국제 유수의 기업과 경쟁을 해야 하는 산업 경영 현장에 있는 한 사람으로서 누구보다 절실히 실감을 하게 된다. 더욱이 최근 코로나19와 같이 예기치 못한 어려움과 맞닥뜨렸을 때, 위기를 극복할 수 있는 다양한 능력을 키워야 하는 새로운 과제와 도전을 요구받고 있다.

교육재단을 운영하면서 현장의 수많은 교수, 연구원, 교사 등 교육 관계자들을 만나고 소통하며 미래 교육에 대한 주제로 토론을 해왔다. 이제는 단순히 인터넷과 미디어 콘텐츠만을 이용한 온라인 교육과 비대면 방식의 교육만으로는 미래 교육을 대비하고 있다고 자신할 수 없다는 단순하지만 중요한 결론을 얻었다.

나는 우리 중앙대학교 이사장으로서 "교육은 인류의 미래를 만들어내는 초석이며, 대학의 경쟁력이 곧 국가 경쟁력으로 이어져 미래를 풍요롭게 하는 원천이다"라는 교육철학을 가지고 있고 또한 그것을 구현하고자 지금까지 무던히 노력해 왔다.

그 노력의 일환으로 대학교 학부과정에 4차산업혁명 시대의 핵심 기술인 인공지능AI을 체계적으로 교육하고자 기존의 소프트웨어학부와 차별성이 있는 전문영역의 인재를 양성하기 위해 별도로 AI학과를 신설했다. 이를 통해 다양한 산업 분야에 인공지능 AI 기술을 개발하고 적용하여 국내뿐만 아니라 국제사회의 글로벌 인재를 양성하고자 한다. 또한 전교생 대상 AI 역량 강화를 위해 '다빈치AI아카데미'와 산학협력을 활성화하기 위한 '다빈치AI공동연구소'를 함께 운영할 계획이다.

특히 2021년 4월에는 '과학기술정보통신부 인공지능대학원 사업'인 '국책 AI 대학원'으로 선정됨으로써, 대학원까지 영역을 확대하여 AI 관련 학문을 체계적으로 연구하는 고급인재를 양성할 예정이다.

중앙대학교 인문콘텐츠연구소 연구교수와 초등교육을 담당하는 일선 교사가 AI를 통한 인문학 교육 방법을 제시하고자 책을 썼다고 하니 이심전심 마음이 통했을까? 이사장으로서 반갑지 않을 수 없다. 대학이 추구하는 AI 인재상[C.O.R.E. 창의Creative, 개방Open, 혁신Renovative, 윤리Ethical]을 미래의 주인공인 초등학생들에게 일찍 경험하게 하고 도전을 통해 성과를 확인한다면, 몇 년 후에 그들이 성장할 모습은 기대 이상의 큰 모습으로 자리할 것이다. 이것이야말로 미래를 준비하고 변화의 흐름을 이해하는 진정한 모습이 아니겠는가.

그런 의미에서 이 「AI시대의 공부법」은 인문학의 새로운 실험이고 도전인 셈이다. 이 책은 교육영역에서 인문학이 나아갈 방향에 대해 분석하고 실험·적용한 AI 도구를 활용했다는 모범적 사례가 될 것이라 생각한다.

교육현장에서 느끼는 위기의식과 문제의식을 바탕으로 좀 더 나은 미래 교육을 꿈꾸는 저자의 도발적 노력은 늘 감탄과 신선함을 준다. 우리 재단에 더 많은 교육자들이 변화와 혁신적 마인드를 가져 주기를 당부하면서 AI 환경과 잘 어우러진 인문학 교육의 성장판이 새롭게 열리기를 기대해 본다.

추천사 2

미래 AI 교육

중앙대학교 인문콘텐츠연구소 HK+사업단 단장 이찬규

알파고와 같이 특정 분야에서 강력한 능력을 발휘하는 약인공지능Weak AI은 이미 현실화되었고, 인간의 인지능력까지 실현하는 강인공지능Strong AI 시대가 도래하면 '인간은 만물의 영장'이라는 명제가 유효할 수 있을까.

인공지능이 급속도로 발전하면서 발생하는 다양한 개인적, 사회적 문제해결을 위해 인간을 시대에 맞게 재인식하고 이에 대한 인문학적 해석과 대안이 필요하다. AI 시대를 살아가야 하는 디지털 네이티브에게 AI 인문학이 미래 전략의 핵심이 될 것이다.

AI 인문학은 앞으로 인간과 인공지능의 공존을 가능케 하는 핵심적 역할을 수행하게 된다. 하지만 인공지능은 휴머니즘의 위기를 초래할 수도 있다. 인공지능 시대에 휴머니즘을 근간으로 하고 있는 인문학은 조정과 안내자로서 '컨트롤타워'가 돼서 인공지능이 인간의 삶을 윤택하게 하는 도구로써 존재할 수 있도록 방향성을 제시할 수 있어야 하며, 이러한 고민들은 교육현장에도 반영되어야 한다.

　인공지능 시대의 인문학의 탈바꿈은 시대적 요구이다. 인공지능이 인간의 역할을 대신할 미래는 그리 멀지 않았다. 인간은 노동 가치의 성스러움과 인간다움(혹은 인간성)이 인간을 인간답게 만드는 가치로 믿어 왔다. 그리고 지금까지 인문학은 인간의 행동, 역사, 철학 등 경험적으로 생산된 것들을 설명하고 비판하는 과정에서 그 가치의 타당성을 증명하려는 과거지향적 인문학이었다. 그러나 인공지능 이후의 인문학은 과거지향적 태도에서 벗어나 미래를 예측하고 설계할 수 있는 미래 지향적 인문학으로 다시 태어나야 한다. 인공지능이 발달하면 발달할수록 비인간적 가치가 아닌 친인간적 가치의 개념을 더 확장시켜야 하며, 그것이 무엇인지를 성찰하고 모색하여야 한다. 다시 말해서 인공지능 시대의 환경에 걸맞게 '순수인문학'에서 '융합인문학'으로의 변화를 준비해야 한다. 앞으로 융합인문학으로서 AI 인문콘텐츠는 미래 교육의 핵심 콘텐츠로 자리매김하게 될 것이다. 아니 이미 시작되었는지도 모른다.

　이 책은 AI인문학의 대중서로 인공지능 교육의 효율성을 높이는 방안을 탐색하고 있을 뿐만 아니라, AI 시대 학생들의 미래 역량을 강화하려는 노력이 고스란히 담겨 있다. 아울러 인간과 AI가 어떻게 하면 공존할 수 있을지에 대한 연구자들의 성찰과 고민의 결과가 이론과 실제를 통해 잘 드러나 있다. 앞으로 우리의 아이들은 모든 분야에서 AI가 융합된 미래 사회에서 살아나가야 한다. 미래 사회에서 인간과 AI와 공존의 가치에 대한 이해의 폭을 넓히기 위해서는 인간의 개념과 AI의 개념이 분명하게 정립되어야 한다. 따라서 AI 교육에서는 인간의 문제를 함께 고민하고 성찰해야 한다.

우리가 살고 있는 세상은 이미 디지털 시대로의 전환이 상당히 진행되어 있으며, 또한 현재 초·중·고교에서 공부하고 있는 학생들은 향후 디지털 기술의 정점인 인공지능 사회라는 공간에서 살아가게 될 것이다. 2022년 교육과정 개정이 우리에게 주어진 마지막 기회이다. 앞으로 10년 후에는 AI 리터러시 역량은 한 개인이 자신의 삶을 주도적으로 살아갈 수 있느냐 없느냐를 결정하는 중요한 기본 자질이 된다. 이는 AI 교육과 디지털 정보 교육 등이 학교 교육과정에서 이루어지는 보편 공통 교육으로 자리잡아야 하는 절실한 이유이다.

이 책이 인공지능 시대의 AI 교육에서 인간의 가치를 어떻게 정립하고 구현할 것인지, 또한 곧 등장하게 될 로봇 사피엔스들과 어떻게 관계를 설정할 것인지에 대한 조그마한 디딤돌이 되길 바란다. 아울러 우리의 아이들이 AI 인문콘텐츠를 통해 세계 속에서

선도적인 역할을 할 수 있도록 교육계, 학계, 산업계 등 다양한 분야에서 이슈가 되기를 기대해 본다.

프롤로그 1

 언어를 연구하는 사람으로서 인공지능은 기계의 하나였기에 큰 관심거리가 아니었다. COVID-19의 장기화로 인해 모든 수업이 비대면 ZOOM으로 대체되었고 PBL, Flipped Learning 등 수업에서 새로운 교수법을 고민하지 않을 수 없었다. 그럴 때마다 접하게 되는 4차 산업혁명 시대, 빅데이터, 딥러닝, AI 교육, 메타버스, 자율주행차 등 이러한 개념들은 자주 등장했다. AI 시대가 도래하면 대체 우리의 삶은 어떻게 달라지게 될 것인가? 우리는 지금 무엇을 어떻게 준비해야 하는가?
 필자는 지난 몇 년 동안 AI가 학습하도록 한국어 자료를 구축하고 검증하는 프로젝트를 하면서 AI라는 블랙박스가 무척이나 궁금해졌다. AI 연구는 끊임없는 피드백을 요구한다. 오류를 고치고 좀 더 AI가 이해하기 쉽게 조금씩 변수를 바꾸면서 원하는 결과를 얻을 때까지 계속 몰두하게 한다. 재미도 있었지만 AI가 이기나

사람이 이기나 한번 해보자는 마음으로 달려들어 연구를 하게 한 보람도 컸다.

연구소에서 다양한 학제적 연구들을 접하면서 AI 관련 연구의 외연을 확장할 수 있었다. 미래 사회에서 우리는 어떻게 AI와 더불어 잘 살아갈 수 있을지, AI 시대를 살아가려면 어떠한 역량을 갖추어야 하는지에 대해 끊임없는 질문을 던지게 되었다. 연구소 어젠더인 'AI 인문학'을 기반으로 AI 교육 연구를 진행하게 되었다. 미래를 이끌어갈 아이들에게 과연 우리는 무엇을 가르쳐야 하는지, AI 시대에 인재로 살아가기 위해 어떻게 도와주어야 하는지 이러저러한 탐색의 결과가 책으로까지 나오게 되었다.

국어학자가 AI 관련 연구한다고 하면 다들 의아해한다. 하지만 AI 기술 혁신이 빠르게 이루어질수록 인간의 생각과 경험이 더욱 중요해질 것이다. AI가 할 수 없는 인간만의 고유성이 미래 사회를 풍요롭게 만들 수 있다. 복잡한 문제해결 능력과 비판적 사고력, 창의력, 협업 능력, 공감 능력, 유연성 등이 미래 사회에서는 필수적인 역량이 될 것이다. 우리는 개인이 잘하는 것을 더욱 잘하도록 응원하고 스스로 문제를 해결하도록 끊임없이 도전하도록 지원해 주어야 한다. 가정과 학교, 기관과 산업체 모두 융복합적으로 AI 교육에 힘써야 한다. 무엇보다 인문학적 성찰을 통해서 AI와 협응하며 행복한 미래 사회를 살아가기를 강조하고 싶다.

프롤로그

　이 책은 학계와 교육계에 몸담고 있었던 경험과 노하우를 AI 시대의 공부법으로 소개하고 있다. 이 책은 AI 교육에 관심을 둔 학부모, 교사, 연구자를 위한 길잡이로 구성했다. 1장과 2장은 인문학 기반의 AI 교육의 중요성에 관한 이론적인 내용이며 3장은 AI 콘텐츠를 활용한 교육 현장 경험과 활용 방안을 제시한 것이다. 부록으로 실제 교수학습한 활동지 등을 수록하여 참고하도록 하였다. 이심전심으로 책 출간에 기꺼이 참여해 준 공동저자 이영희 선생님께 감사의 말씀을 드린다. 이 책의 출판과 연구를 지원해 주신 교육부와 한국연구재단, HK+사업의 연구비 지원을 해 준 중앙대학교 인문콘텐츠연구소 이찬규 소장님께 감사의 말씀을 드린다. 박사학위를 받고도 여전히 부족한 제자를 한결같이 응원해 주시는 지도교수 최호철 교수님께도 감사의 말씀을 올린다. 인생의 기로에 있을 때 도움을 주신 여러 선생님들과 선후배들, 지금껏 뒷바라지로 애쓰는 양가 부모님께도 고마움을 전하고 싶다. 이 책은 꾸러기 아들 녀석이 있었기에 가능했다. 자전거를 사주고 자전거 타는 법을 여러 차례 알려주었음에도 겁이 나서 두 발 자전거로 달리지 못하는 아들에게 AI 교육의 효과를 맘껏 누리게 하고 싶다. 자전거를 사주고 자전거 타는 법을 가르쳐 줄 수는 있지만 자전거를 타고 멀리 신나게 달리는 것은 결국 개개인의 몫이다. AI와 함께하는 미래 사회를 살아갈 우리에게 신나는 자전거 타기가 시작되길 바란다. 여러분만의 생각과 경험이 전 세계로 뻗어나 갈 수 있길 기대한다.

2022년 1월

정 유 남

프롤로그 2

작년 겨울 온라인 교육의 성공 열쇠는 바로 '콘텐츠'라고 강조하며 〈온택트 시대의 공부법〉을 출간했었다. 벌써 1년이라니! 바쁜 교육현장이었지만, 늘 온라인 교육의 아쉬움과 새로운 변화와 도전의 기운이 내 마음속에 자리잡고 있었기에 또다시 1년만에 〈AI 시대의 공부법〉이라는 책을 내기에 이르렀다.

책을 쓴다는 것은 많은 시간과 노력을 요한다. 하루의 대부분을 에너지 넘치는 학생들을 가르쳐야 하고 아내로서, 엄마로서 역할도 수행해야 하는 입장에서 책을 쓰는 것은 그리 녹록한 작업은 아니었다. 어쩌면 바쁜 일상과 스트레스 속에서 새로운 영역을 개척해 나가고 작품을 이뤄낸다는 성취감이 있었기에 힘들었지만 과정이 행복했었다. 그리고 작업을 마쳤을 때는 말로 표현하지 못할 만큼의 기쁨과 성취감이 지난 시간의 보상이란 생각도 들었다.

메이커교육에 반해서 박사논문 쓸 때부터 콘텐츠 개발의 필요성과 미래교육을 준비했던 것이 코로나19 속 온라인 수업에서 빛을 발하고, 한발 더 나아가 AI시대를 준비해야 하는 교육 콘텐츠까지 연구하게 되었다. 종전과는 좀 다른 방법으로 학생들을 가르친다고 해서 나의 교육의 기본 틀을 바꾸거나 어떤 변화의 계기로 삼아 보았던 것은 아니다. 여태껏 내가 보고 느끼고 시도했던 모든 총체적 경험들이 그동안 겪어보지 못한 세상에서 발 빠르게 대처하는 능력이 된 것이라 여겨진다.

학교 교육에서의 인공지능AI 활용 방안은 이제 첫걸음을 뗀 단계이다. 당장 교육 현장에서 AI에 대한 교육은 막연하게 느껴지고 불안해지기까지 한다. 그러나 위기는 늘 기회를 동반한다고 했다. 미래교육을 위한 새로운 패러다임 전환에서 AI 콘텐츠의 교육적 가치와 기대효과는 4차 산업혁명의 시대적 요구이자 국가적 과제가 되었다. 앞으로 지금보다 훨씬 기술적으로 진화된 교육환경이 구축될 것이고 인공지능(AI)을 활용한 교육이 미래교육의 새로운 기반체계가 될 것이다. 또 다른 도전과 도약이 기다리고 있다는 생각에 가슴이 설렌다.

끝으로 함께 연구할 수 있는 동반자를 만나서 진심으로 반가웠고 성과 있는 결과물이 나와서 감사하다. 미래교육에 남다른 열정과 실력을 겸비하신 정유남 교수님과의 소중한 인연에 다시 한번 감사드리며, 아울러 중앙대학교 인문콘텐츠연구소와 함께 연구과제를 수행했다는 것에 큰 보람을 느낀다.

   AI 기반의 교육환경에서 인문학 교육의 성장과 발전을 기대하며, 작은 초석이 되기를 기대해 본다.

2022년 정초에

서재에서 이 영 희

Contents

추천사 1	인문학의 새로운 변화와 도전을 응원하며 •	5
추천사 2	미래 AI 교육 •	9
프롤로그 1	정유남 •	13
프롤로그 2	이영희 •	17

1장 디지털 네이티브를 위한 공부란? • 23

1. 디지털 네이티브 학생과 학부모 • 25
2. 교육 패러다임의 전환 • 37
3. 미래 사회를 위한 준비 • 44

2장 AI 리터러시가 정답이다 • 55

1. AI 기술 발달에 답해야 할 시대 • 57
2. AI 리터러시 함양 • 63
3. 인문학 기반에서의 AI 활용 • 75

3장 AI 콘텐츠로 미래 전략 세우기 • 85

1. AI 기반 교육 • 87
2. 스토리텔링 • 89
3. 영화감상과 글쓰기: 고장난 론, 빅 히어로, 월E • 104
4. 대화법: 챗봇, 원격수업 채팅 • 115
5. PIE를 이용한 감사교육 • 124

4장 AI 콘텐츠로서의 꿀팁 • 131

1. AI 교과 연계 활동 • 133
2. EBS 교육 영상 • 135
3. 유튜브 • 137
4. 원격 수업: ZOOM, 구글클래스룸 • 146
5. 메타버스: 게더타운 • 156
6. AI 콘텐츠 • 160

에필로그 • 170
부록   샘플자료 (학생작품, 활동지, 설문지) • 177
참고문헌 • 195

1장
>>>

디지털 네이티브를 위한 공부란?

1
디지털 네이티브 학생과 학부모

　우리나라만큼 교육열이 높은 국가도 없다. 오바마 전 미국 대통령도 공교육 개혁을 주장하면서 한국의 교육열에 칭찬 사례가 기사화될 정도이다. 2018년 JTBC에서 방영한 '스카이캐슬' 드라마에서도 보여주듯이, 대한민국 상류층 부모의 자녀 대학입시를 둘러싼 갈등 및 욕망을 그려내고 이에 대한 자식들의 감정을 잘 드러낸다. 자식을 엘리트로 만들기 위해 애쓰는 부모들의 교육열은 한국 사회가 그만큼 경쟁이 치열하고 성공에 대한 강한 욕구가 반영된 것으로 볼 수 있다. 영유아, 초등 시기부터 사교육 비용이 가중되고 COVID-19로 인하여 소외 계층에서는 교육 격차가 발생하게 되었다. 공부에 대한 부담은 경제적 조건이 있든 없든, 공교육이든 사교육이든, 부모든 자녀든, 교사든 학생이든 정도의 차이는 있을지라도 이러저러한 형태로 존재한다.

4차 산업혁명 도래 이후 더 이상 엘리트를 향한 목마름이 중요하지 않은 시대가 오고 있다. 대학이 변화하고 있고 미래 사회의 직업들도 매우 다양해지며 개인의 역량에 따라 얼마든지 성공을 하고 기회를 얻게 되는 시대가 오고 있는 것이다. 전 세계를 멈추게 했던 전염병의 시기가 또 언제라도 올 수 있다는 불안은 더욱 내면에 집중하고 무엇이 진정으로 스스로를 행복하게 할 것인지 자문하게 한다. 이러한 불확실한 미래 사회에서 살아가기 위한 디지털 네이티브 학생들은 어떤 준비를 해야 하는 것일까? 디지털 세계에서 살아가게 되는 학생들을 위해 학부모들은 어떠한 역할을 해야 하는지 고민해야 한다.

디지털 네이티브를 둔 부모들은 자녀를 지지하고 격려하는 멘토가 되어야 한다. 매킨지 최신 기술 트렌드 연구에 따르면 2030년이 되면 많은 사람이 인공지능과 일상을 살아가게 된다고 전망했다. 2025년까지 차세대 프로세스 자동화 및 가상화가 50% 자동화되면 2030년에는 세계 인구의 80%가 5G와 IOT를 사용하게 되며 향후 10년간은 지난 100년간 일어난 것보다 더 많은 혁신이 일어날 것으로 전망했다. 급변하는 시대를 살아가기 위해서는 부모도 배움의 자세가 열려 있어야 하며 입시 경쟁에서 성공을 강요하기보다는 자녀가 주도적으로 평생 학습자로 성장하도록 멘토 역할을 해주어야 한다.

   핀란드의 교육 철학은 "덜 가르치고 많이 배우게 하라(Teach less, Learn more)"이다. 다시 말해 지식적인 전달보다는 다양한 경험이 중요하게 만들어 주어야 한다는 말이다. 이를 위해서는 e-포트폴리오를 통해 학생 개개인의 학습 이력과 지식 체계의 성장 과정을 분석하여 제공해야 한다.

'아는 만큼 보인다(You can see as much as you know).'

71,000,000원, 12월 2일 아침에 확인한 비트코인 한 개의 가격이다. 암호화폐 업계에서는 5월 22일을 '피자데이'라 하여 매년 이벤트와 축제를 하며 기념하고 있다. 2011년 5월 22일 비트코인 개발자인 라스즐로 핸예츠 Laszlo Hanyecz가 비트코인 10,000개로 피자 2판과 처음으로 실물거래를 한 역사적인 날이기 때문이다. 지금 미국에서 도미노피자 X-Large Size 가격이 19.99달러이니, 2판이면 39.98달러이고 한국 돈으로 47,120원이 조금 넘는다. 비트코인으로 피자를 구매할 당시 비트코인 하나의 가격은 4원 712전이다. 이것을 10년 전에 알았다면 어땠을까? 달리 질문한다면, 10년 후의 여러분의 자녀가 어떻게 될 것인지 알 수 있

다면 지금 무엇을 할 것인가?

　우리는 'QR코드'로 출입 명부에 등록하고 '키오스크'로 음식을 주문을 한다. '모바일 쿠폰'으로 상품을 할인 받고 '카카오페이'로 결제를 한다. 지금은 주위에서 쉽게 볼 수 있는 일상이다. 하지만 손으로 만질 수 있고 잡을 수 있는 증명서나 종이, 신용카드를 사용하는 것이 익숙했던 나이 드신 분들에게는 불과 1~2년 전만 해도 당황해 하며 스트레스 받는 일이었을지도 모른다. 어쩌면 지금도 모바일로 회원가입을 해야 하거나 필요한 자료 또는 애플리케이션을 다운받아야 한다면, 일을 하기 전부터 걱정하며 가슴을 떨지도 모른다.

　기술의 발전이 얼마만큼 변화했고 우리 일상에서 어떻게 사용되고 있는지 관심을 기울이지 않은 탓이다. 사회생활을 하며 자신에게 맡겨진 일에 집중하고 가족을 부양하느라 주변 일에 관심을 기울일 여력이 없었기 때문일 것이다. 하지만 기술이 발전하며 그 기술이 우리 생활 어느 부분에 어떻게 적용되고 있는가 하는 점은 주변 일이 아니라 중점적으로 익혀가야 할 일이다. 이는 광화문에 가기 위해서 자전거를 타고 가는 것과 자가용을 타고 가는 것과 같은 일이다. 취미나 운동을 할 때는 자전거를 타고 광화문까지 가도 상관없지만, 사회생활 더 나아가 경제활동을 하는 데 있어서는 커다란 차이에 따른 결과를 맞는다. 자가용이 없다면 대중교통을 이용해서 광화문에 가야 한다. 디지털 환경에 적응하고 생활에 활용하기 위해서는 디지털 도구를 사용하는 방법에 대하여 배워야 한다.

새로운 대륙의 원주민, 디지털 네이티브(Digital Native)

디지털 원주민을 뜻하는 디지털 네이티브란 말은, 어릴 때부터 디지털 환경 속에서 성장하며 디지털 도구들을 자연스럽게 사용하는 1020 세대를 가리킨다. 디지털 네이티브라는 말은 2001년 미국의 교육학자인 마크 프렌스키Mark Prensky가 논문 제목으로 「Digital Native, Digital Immigrants」이라고 처음 사용하면서 시작되었다. 디지털 네이티브란 말이 널리 사용되기 시작한 것은, 디지털의 구루(Guru, 현자)라 불리는 2009년 캐나다의 전략컨설팅 회사인 씽크 탱크 뉴 패러다임the think thank New Paradigm의 창립자이자 CEO인 돈 탭스콧Don Tapscott이 'Digital Native' 책을 내면서부터다.

요즘 어린이들은 말을 제대로 하기 전부터 휴대폰으로 영상을 보고 음악을 들으며, 글쓰기 전부터 게임을 배운다. 어른들의 경우에는 컴퓨터나 휴대폰이 고장 나거나 이용요금이 많이 나올까 걱정하여 함부로 만지지 못하지만, 어린이는 이런 것에 아무런 신경을 쓰지 않는다. 새로운 기기나 프로그램에 대한 두려움이 없다.

그리고 사용하는 방법에 대해서도 먼저 익힌 친구들을 통해 이해하기 쉬운 눈높이 수업을 받고 모르는 것이 있을 때마다 맞춤형 수업을 받는다. 사용법을 가리키는 친구는 같은 질문을 여러 번 받아도 짜증을 내거나 가르치는 것을 거부하지 않는다. 질문이 많아질수록 가르치는 친구의 자긍심과 성취감은 커지기 때문이다.

디지털 네이티브의 특징은 컴퓨터보다는 스마트폰에 익숙하고 새로운 것을 받아들이는 데 적극적이며 멀티태스킹을 많이 한다. PC가 있는 고정된 장소를 벗어나 스마트폰을 통해 어느 곳에서나 인터넷을 통해 공유하고 협업한다. 아날로그 네이티브가 업무를 위해 인터넷을 사용했다면 디지털 네이티브는 공동의 관심사 찾고 공유하며 새로운 트렌드를 만드는 데 능숙하다. 디지털 네이티브는 사람과의 만남이나 연결보다 개인적으로 시간을 즐기려 하고, 대면으로 일을 처리하기보다 챗봇이나 인터넷을 활용하는 언택트 방식을 선호한다. 실시간으로 방송하는 것이나 물건을 판매하는 방식을 더 선호한다.

"석기시대는 돌이 없어졌기 때문에 끝난 게 아니라 돌을 대체할 기술이 나타났기 때문이다. 석유시대도 석유가 고갈되기 전에 끝날 것이다."

아메드 자키 야마니 사우디아라비아 석유장관이 2000년 6월, 영국의 '텔레그래프' 신문사 기자와 가진 인터뷰에서 한 말이다.

석기시대에서 청동기시대로 발전하고 농경사회에서 산업사회로 발전하는 기점마다 도구의 발전과 에너지의 변화가 있었다. 에너지원이 석유, 석탄, 천연가스와 같은 화석연료에서 태양열, 풍력, 전기, 수소와 같은 친환경 연료로 바뀌고 있다.

2016년 클라우스 슈바프Klaus Schwab 세계경제포럼의 회장은 '4차 산업혁명이 쓰나미처럼 몰려올 것이다' 했는데, 이제는 변화의 속도가 기하급수적으로 증가하고 있다. 또 한 번의 커다란 변화를 앞두고 있다. 우체국에 가서 편지를 부치고 은행에 가서 송금하고 세금을 내던 시절이 있었다. 추석 기차표를 예매하기 위해 줄을 서서 밤을 새우기도 했고 영화를 보기 위해 비디오를 빌리러 비디오가게에 가기도 했다. 식품을 사기 위해 시장에 갔었다. 축음기(1877)가 발명되면서부터 음악 Tape(1940), 레코드(LP: Long Play Record, 1948), CD(Compact Disc, 1977), MP3(MPeg audio layer 3, 1979), MD(Mini-Disk, 1992), 플랫폼을 통해서 음악을 들을 수 있도록 변화해 왔다. 도구가 바뀌고 있다.

줄자가 아닌 디지털 레이저로 거리를 측정하고 각도도 디지털 각도기로 잰다. 멀티테스터기, 레벨측량기, 다목적 탐지기 등 많은 기기들이 디지털로 전환되고 있다. 사실 지금 우리가 아무렇지 않게 사용하고 있는 물건 중에도 디지털로 전환된 것들이 많다. 디지털 사진기, 디지털 영상, 디지털 뮤직, 디지털 칠판, 태블릿 드로

잉, 디지털 체온계, 디지털 시계, 디지털 도어락 등 많은 도구들이 디지털로 전환하고 있다. 중요한 점은 도구가 계속 발전하고 변화하고 있다는 사실을 인식하고 받아들이는 점이다.

네이버제트가 운영하는 '제페토'에서 자신이 좋아하는 옷이나 가방, 액세서리를 사서 아바타를 꾸미고는 친구를 만난다. 친구와 함께 새로 오픈한 '제페토 한강공원점'에 가서 즉석조리라면을 주문해서 먹는다. 부동산기업 직방의 직원은 본사로 출근하지 않고 '메타폴리스'로 출근해서 집에서 근무한다. '게더타운'에서 온라인 대규모 행사를 하거나 가상의 오피스에서 화상회의를 한다. 그리고 게더타운 속 '그린캠프'에서 '우푸푸 숲'을 산책하고 유한킴벌리가 진행하고 '나만의 나무 심기' 이벤트에도 참여한다. '로블록스'에서 친구들과 만나서 게임을 하거나 '워싱턴 하이츠' 맵에 들어가서 워너브라더스 영화 배급사가 만든 뮤지컬 영화 〈In the Heights〉의 주인공처럼 배경이 되는 라틴 아메리카의 문화를 체험하기도 한다."

위의 글은 메타버스Metaverse에서 일어나고 있는 일을 소개한 것인데, 위의 글을 이해하기 어렵다면 당신은 디지털 이미그런트(Digital Immigrant, 디지털 이민자)라는 뜻이다. 달리 말하면 디지털 네이티브를 이해하지 못하고 있다는 뜻이고, 디지털 트랜스포메이션((Digital Transformation, 디지털 전환)에 따른 스트레스와 불편함, 불이익을 받고 있다는 뜻이다.

메타버스Metaverse는 디지털 기술을 이용해 현실세계를 3차원의 가상공간에서 실감할 수 있도록 만든 가상세계를 의미한다. 메타버스는 '초월'을 뜻하는 그리스어 '메타meta'와 '세계'를 뜻하는 '유니버스universe'를 합성해서 만든 단어로 '가상세계'를 가리킨다. 메타버스라는 단어는 미국의 SF소설가인 닐 스티븐슨이 1992년에 출간한 '스노 크래시Snow Crash' 소설책에서 처음 사용하였다. 가상현실VR과 증강현실AR 기술이 발전하면서 컴퓨터 게임에 처음 적용되던 것이 이제는 스마트폰, 게임기, TV 등을 통해서 현실에서 해왔던 일을 대신하고 있다.

우리는 건물을 만들고, 그 건물은 우리를 만든다

We shape our buildings, thereafter they shape us.

- 윈스턴 처칠Winston Churchill -

부모가 사용하는 언어가 무엇이냐에 따라 자녀들도 같은 언어를 사용한다. 부모가 한국말을 하면 자녀들도 한국말을 하고, 부모가 영어를 하면 자녀들도 영어를 한다. 지극히 당연한 말이다 보니 싱거운 기분을 넘어 기분이 나쁠 수도 있다.

하지만 '당신은 당신이 이해하지 못하는 것을 볼 수 없다. 하지만 당신이 이미 이해했다고 생각하는 것은 알아차리지 못할 것이다You can't see what you don't understand. But what you think you already understand, you'll fail to notice.'라는 '오버스토리'의 저자 리처드 파워드Richard Powers 말처럼, 익히 알고 있는 것이라 당연하게 생각한다면 아는 것을 자신의 것으로 만들고 활용하는 것에 대해 생각하지 못하는 경우가 대부분이다. 부모가 국제부부라서 이중언어를 하는 자녀들도 있지만, 요즘 들어 자녀가 어릴 때부터 영어 동화를 들려주거나 영어 영상을 보여주며 영어를 익힐 수 있는 환경을 만드는 부모가 많아졌다. 윈스턴 처칠의 말처럼 환경이 중요하다.

   디지털 네이티브의 환경으로 바뀌어 가도 이를 인식하지 못하거나 받아들이려 하지 않는 사람이 아직도 많다. 원숭이를 연구하고 있던 교토대학 영장류연구소는 1952년부터 사람이 살지 않는 미야자키현 고지마섬幸島의 원숭이들에게 고구마를 주었다. 흙이 묻어 있는 고구마를 받아먹던 원숭이 중에서 '이모'라 불리는 18개월 된 암컷 원숭이가 처음으로 흙이 묻은 고구마를 바닷물에 씻어 먹었다. 시간이 지나가면서 이모의 모습을 본 다른 원숭이들도 흙 묻은 고구마를 바닷물에 씻어 먹기 시작했다. 4년이 지나고 나서 20마리의 원숭이 중 15마리의 원숭이가 이모처럼 고구마를 씻어 먹었다. 하지만 5마리의 늙은 수컷 원숭이는 고구마를 흙이 묻은 채로 먹었다.

늙은 수컷 원숭이처럼 변화한다는 것은 어려운 일이다. 우리 생활의 곳곳에서 디지털 전환이 일어나고 있지만, 아직도 아날로그 방식을 선호하고 고집하는 사람들이 많다. 디지털 기기나 모바일 앱이 편리하고 필요하다는 것은 알지만, 디지털 사용법에 대해 배우는 것을 내일로 미루는 사람들이 많다. 이와 같은 문제는 디지털 이미그런트만의 문제가 아니라 디지털 네이티브라고 지칭되는 1020세대에서도 정도의 차이만 있을 뿐 디지털 리터러시에 대한 교육이 필요한 상황이다.

2020년 코로나19 팬데믹으로 학생들이 등교를 할 수 없는 상황이 되어 원격수업을 시작할 때, 선생님이나 학생 모두 당황해하며 혼란을 겪었다. 학교에서는 디지털 기기의 부족과 원격수업을 위한 교육 준비, 원격수업 방법에 대한 문제로 당황하고 서둘러 준비를 했었다. 한편 디지털 환경 속에서 성장한 디지털 네이티브 학생들조차 인터넷의 접속 문제, 디지털 기기의 사용 미숙, 원격수업을 위한 플랫폼 및 도구 사용에 대한 문제로 혼란을 겪었다.

이는 나이가 많고 적음의 문제가 아니다. 디지털 전환이 얼마나 필요한지 인식하는가? 하는 문제다. 디지털 전환을 위해 얼마만큼 교육하고 어떻게 교육하는가? 하는 문제다. 디지털 리터러시 능력을 키우기 위해서 무엇이 필요하고 어느 정도 키워야 하는가? 하는 문제다. 디지털 네이티브가 되고 디지털 리터러시 능력을 키운다는 것은 컴퓨터 프로그램을 개발하고 인공지능이나 자율주행 기술을 개발하는 것이 아니다. 학생 개개인이 얻고자 하는 지식과 정보, 과제나 연구, 프로젝트를 위해 디지털 도구와 플랫폼을 사용할 줄 알고 필요한 것을 찾아갈 줄 아는 기능 정도면 충분하다. 전문가 양성이 아닌 스스로 자료를 찾고 문제를 해결해 나가기 위해 첫발을 디딜 수 있는 정도에서 시작해야 한다.

디지털 네이티브, 디지털 리터러시에 대해 관심을 갖기 시작한 지 오래되다 보니, 각계각층의 다양한 사람들이 이에 대한 다양한 의견들을 제시해 왔다. 하지만 총론적인 내용이 대부분이고 실천하고 활용하기 위한 각론적 내용은 미비한 상태다. 발전과 실용을 위해 바꿔야 할 것은 바꾸지 않고 명칭만을 계속 바꾸면서 '밑돌 빼서 윗돌 괴기'는 하지 말아야 한다. 진정 디지털 네이티브 시대를 맞이하고 디지털 리터러시 능력을 키우기 위한다면, 더 이상 '장님이 장님을 인도하는 일'은 하지 말아야 한다.

> "오래 살아남는 종은 강한 종도 아니고 가장 똑똑한 종도 아니다. 그 종은 변화를 가장 잘 받아들이는 종이다."
>
> — 찰스 다윈 Charles R. Darwin —

2
교육 패러다임의 전환

　교육은 백년대계라는 말이 있다. 백 년 앞을 내다보고 세우는 계획이라는 뜻이다. 교육이야말로 미래를 준비하기 위해 적절한 방법과 절차를 마련해야 하는 국가적인 과제이다. OCED 국제학업성취도평가PISA 조사(2018)에 따르면, 우리나라는 5G 네트워크를 가장 먼저 도입한 최고 수준의 ICT 인프라 강국이고 세계 최고의 스마트폰을 생산하는 국가이지만 실제 학교에서 컴퓨터를 활용하는 비율은 하위권으로 조사되었다. AI 기술이 빠르게 발달하고 있지만, 교육 현장은 이러한 흐름에 발맞추어 가지 못하고 있음을 방증하는 것이다.

　AI 시대를 맞이하는 교육정책과 교육 패러다임은 새로운 국면을 맞이하게 되었다. 2020년 11월 교육부는 "미래 교육을 위해 공교육이 맡아야 할 주요 역할은 AI 시대에 스스로 자신의 미래를 개척하고, 인간의 존엄성을 중시하는 윤리적 태도를 갖춘 사람을 길러 내는 것임을 지속적으로 강조해 나갈 계획"이라고 밝혔다. 이에 AI 시대의 3대 교육정책 방향으로 '감성적 창조 인재육성, 초개인화 학습환경 조성, 따뜻한 지능화 정책 구현' 등을 제시하였다. 첫째, '감성적 창조 인재'란 정답이 목표가 아닌 새로운 구조와 독창적 질문을 할 줄 아는 역량을 말한다. 인간의 감성을 이해·공감하고 타인과 소통·협업하는 능력이 중요하며 AI에 대한 윤리적 판단력이 필수적이다. 둘째, 학습환경이 '초개인화'로 변화하게 되어 맞춤형 교육으로 변화한다. AI 기술을 활용하여 학생의 특성, 수준, 상황별 교육을 시행하고 취약 계층, 다문화 계층을 지원하여 교육격차 해소를 위해 적극 AI를 활용하게 된다. 셋째, 정책 형성과정은 '따뜻한 지능화'를 추구하게 되는데 데이터 기반의 정책 환경을 마련하고 다양한 데이터 간 연계를 통해 교육 사각지대를 발굴하고 지원하여 모두를 위한 포용적이고 공평한 교육 기본권 확대를 추진한다는 계획이다. 2022년 개정 교육과정에서는 학생들이 AI 교육을 받도록 AI 관련 수업 자료를 개발, 보급하며 초·중등 관련 교과에 기초 소양 및 원리 교육을 강화하고 고등에서는 선택 과목에서 심화 학습하도록 제공할 예정이다.[1]

---

1 박현식 외, 2021, 인문사회학으로 보는 AI, 자유아카데미, 93-95쪽

4차 산업혁명 시대의 교실에서는 '수행 중심 교육performance based learning'과 '역량 중심 교육Competency based learning'이 함께 이루어져야 한다. 수행 중심 교육은 직무상 필요한 지식과 기술을 제공하기 위해 설계된 학습 활동으로 성과를 창출하기 위하여 과업 수행에 필요한 내용을 중심으로 공부한다. 공부할 내용은 과제 분석에서 도출되고 학습 목표로 표현되며 PBEPerformance Behavior Evaluation를 포함한다. 수업 목표를 명확히 진술하고 그 목표 달성을 위한 수업을 계획하고 시행하며 학습 진도를 목표의 성취 수행을 근거로 평가한다. 역량 중심 교육은 역량을 바탕으로 구성된 교육 과정을 의미한다. 역량에는 지식, 기술, 태도 등이 포함되며 최종적으로 이러한 구성 요소는 구체적인 행동 지표로 표현된다. 일반적으로 역량 기반 교육과정 개발은 3단계를 거친다. 첫째, 조직에서 필요로 하는 역량 및 그 역량에 관한 업무 성과 지표, 역량을 구성하는 하위 구성 요소를 주축으로 역량 모형 또는 역량 명세표를 작성한다. 둘째, 이 모형을 기반으로 조직이나 업무에서 필요로 하는 역량 수준에 비추어 현재 개인이 보유한 역량 수준을 진단하여 필요 수준과 현재 수준 간의 차이를 확인한다. 셋째, 이러한 격차를 해소하기 위한 다양한 학습 지원 체제를 설계·개발한다.[2]

앞으로 미래 시대는 영유아 시기, 초·중등학교, 대학교, 직장 생

2　류태호, 2017, 4차 산업혁명 교육이 희망이다, 경희대 출판문화원, 62-63쪽

활, 은퇴 이후의 삶에 이르기까지 평생 교육의 개념으로 패러다임이 변화한다. 학령기이든 비학령기이든지 간에 AI를 활용하여 자신의 역량을 키우고 복잡하고도 다양한 과제를 수행하면서 문제 해결력을 기르고 경험을 쌓아가야 한다. 평생에 걸쳐 우리는 새로운 일에 도전하고 실패, 또는 성취해 가는 과정을 디지털화하고 빅데이터로 축적하여 그 정보를 공유함으로써 더욱 빛나는 가치를 창출해 낼 수 있다. 모든 것을 완벽하게 잘하는 것은 중요하지 않다. 개인이 잘하는 것을 더욱 잘하게 만들어주어야 하는 시대가 온 것이다. 누구든지 나이와는 상관없이 꿈을 이루기 위해 무수히 많은 실패와 도전이 필요하며 AI를 활용하여 본인의 역량을 더욱 가치 있게 만들어야 한다.

AI 시대에는 과정 중심의 평생 교육이 이루어져야 하는 만큼 한국사회에 적절한 AI 교육 시스템이 마련되어야 한다. 첫째, K-에듀 시스템이 마련되어야 한다. K-pop, K-movie, K-drama, K-food, K-beauty에 이르기까지 K-Culture가 전 세계에 퍼지면서 새로운 문화콘텐츠로 자리매김을 하였다. 이처럼 한국 교육 목적에 부합하는 콘텐츠를 자유롭게 공유할 수 있는 시스템, 저작권 확보, 원격수업체제 마련, 데이터 공유 등 다양한 교육 정보를 한데 모으는 K-에듀 시스템이 지원되어야 한다. e-학습터, EBS를 중심으로 하여 온라인 교육 시스템을 통합해야 한다. 둘째, 표준화보다는 개별 맞춤형 교육을 실시해야 한다. 교육 현장에서는 교육과정의 교과를 배우고 점수로 평가하는 표준화 교육을 시행해 왔지만, AI 시대에는 개인의 특장점을 개발하고 수준별 맞춤형 교육을 실시해야 한다. 기본 소양을 기르는 과목을 가르치되 다양한 과제 활동을 통해 아이들의 개성, 재능에 부합하도록 교육 내용을 설계해야 한다. 학교에서는 문제해결형 과제를 부여하여 의미 있는 학습 경험을 할 수 있도록 해야 하며 이러한 과정을 통해 학생들은 성취감과 행복감을 느끼게 해주어야 한다. 이러한 취지로 도입한 고교학점제도 구체적인 로드맵이 필요하다. 고교학점제의 취지는 학습자의 수준과 적성, 진로를 고려하여 학습자 중심의 맞춤형 교육을 실현하는 것이다. 고교학점제가 성공적으로 운영되려면 학교 기반형(학교 내, 학교 간), 지역사회 연계형(학교 밖 위탁교육형, 학교 밖 교육자원 활용형), 온라인 기반형 등의 교육과정을 마련해야 한다.3

미래 학교 성공 사례로 미국의 '칸랩스쿨Khan Lab School'을 들 수 있다. 매사추세츠공대MIT 출신 살만 칸은 2014년 '개인 맞춤형 교육으로 학업 성취도를 높인다KHAN LAB SChOOL is a community of learners empowering every student to navigate their own path'는 아이디어로 칸랩스쿨이라는 대안학교를 만들었다. 미국 교육 제도 기준으로 5학년~12학년

---

3 이주호·정제영·정영식, 2021, AI 교육 혁명, 시원북스, 214쪽

해당 학생은 입학할 수 있으며 학년 구분이 없고 학생들은 AI 기술을 기반으로 추천된 개인 맞춤형 교육을 받는다. 단편적인 학업 성취로 평가하지 않고 프로젝트 단위로 수업이 진행하기 때문에 협업의 가치가 매우 중요하다. 오전에는 학생 개별 수준에 맞는 수학, 작문, 컴퓨터 등 수업이 진행되고 오후 수업은 운동, 예술활동 등으로 운영된다. 칸랩스쿨은 "스스로의 강점과 약점을 파악하고 자율적인 학습을 통해 학업 능력, 사회적 역량을 키워 나가는 소통 지향적인 교육"을 목표로 한다. 급변하는 미래 사회에 적합한 인재를 만들기 위한 기초 역량을 키우는 데에 집중하며 다양한 혁신 기술이 교육 과정 전반에 활발히 적용되며 학생의 학습을 적극적으로 보조한다.[4] 셋째, AI 개인교사를 활용하여 교육 격차를 줄이고 다양한 학습 플랫폼을 통해 미래 역량을 키워야 한다. AI 개인교사는 개인의 학습 속도와 수준, 능력에 맞추어 최적화한 학습을 마련해 준다. 학습 플랫폼을 통해 공통의 주제나 관심사를 가진 학습자가 프로젝트 학습을 진행하고 학습 결과를 플랫폼에 공유함으로 피드백을 받고 또 새로운 프로젝트로 확장해 나가도록 해야 한다. 온라인 플랫폼을 활용한 학습 플랫폼은 홈스쿨이나 여러 학교의

---

[4] https://www.khanlabschool.org/

보조 프로그램으로 활용될 수 있다.5 앞으로 미래 사회의 비즈니스에서는 '긱$_{gig}$' 경제가 등장할 수 있다고 한다. '긱'은 1920년 미국에서 재즈 연주자들이 필요에 의해 일시적으로 모여서 하는 공연을 말하는데 이 용어가 산업 현장에서 쓰여, 필요에 따라 전문가를 구해 계약을 맺고 단기간 일을 맡기는 형태를 나타내게 되었다. 다시 말해 '임시직 경제 활동'을 말하는데 고용 형태가 아닌 독립적으로 토론에 참여하여 일한 만큼 수익을 얻는 방식의 노동을 의미한다.6 교육에도 이러한 '긱' 활동과 같은 관점에서 프로젝트 기반 교육으로써 AI 학습 플랫폼을 활용하여 다양한 경험이 공유되고 확장되는 방향으로 나아가야 할 것이다.

AI 시대의 교육은 '개인화 교육$_{personalized\ learning}$'이라는 데에 주목해야 한다. 개인의 역량을 다양한 AI 플랫폼을 통하여 지속적으로 확장할 수 있는 시스템이 마련되어야 한다. AI 기술의 발전할수록 개인의 경험과 상상력은 더욱 중요해질 것이다. AI 교육의 성공 열쇠는 개인의 다양한 경험을 AI를 활용하여 국가, 산업, 미래 사회에 기여할 수 있는 AI 콘텐츠로, AI 플랫폼으로 구현해 내는 것에 달려 있다.

---

5   https://www.ixl.com/

6   이찬규 엮음, 2020, 미래는 AI의 것일까?, 사이언스북스, 260쪽

3
미래 사회를 위한 준비
: 미래 교육의 방향

과거 시대에는 교양이 중요한 사회였다. 미래 시대에는 깊이 있는 전문성이 요구된다. 미국 MIT Broad Institute 소장이자 인간 게놈 프로젝트 리더인 에릭 랜더 Eric S. Lander는 전문성과 교양을 모두 갖추어야 하는 'T자형 인재'에서 한 가지 이상의 전문성을 지녀야 하는 'π자형 인재'로 변화한다고 했다. 미래 사회에서는 전문성도 다양해야 하지만 교양도 넓게 펼쳐져야 하는 'Future Bricolage'처럼 되기를 기대하고 있다.7 다시 말해 다양한 지식과 전문성이 더해져 새로운 영역과 융합되고 개개인이 도전하고 경

---

7 브리콜라주(bricolage)는 프랑스어로 '여러 가지 일에 손대기', 또는 '수리'라는 사전적 의미로 문화 상품이나 현상을 재구축하는 전유의 한 가지 전술을 뜻한다(박정철, 2021, 구글 클래스룸을 활용한 대학 교육 혁신, 중앙대학교 미래교육스쿨 특강 내용 일부 발췌).

험한 것이 진짜 지식이 된다는 것이다.

　미래 사회에서 성공이란 지금까지의 성공과는 다르다. 엘리트주의는 더 이상 성공이라 추앙받기 어려울 것이다. 만약 도약을 해야 한다면 마치 '정글짐'을 오르듯 여러 가지 방향으로 올라가면 된다. 정글짐에 올라가면서 장애물이 생긴다면 잠시 한 발 뒤로 내려오거나 다른 경로로 돌아서 다시 그 장애물을 넘어가면 되는 것이다. 미래 사회에서 성공을 위해 필요한 핵심어는 조시 웨이츠킨Josh Waitzkin이 말했듯이, '배움의 기술'이며 '성장하는 태도Growth mindset'가 된다. '평생 새로운 것을 배우려고 하는 태도의 힘이 중요하다'는 것이다. 자신의 인지적 활동에 대한 지식과 조절을 의미하는 것으로 나는 무엇을 알고 모르는지 스스로 파악하는 데에서부터 자신이 모르는 부분을 보완하기 위한 계획과 그 계획의 실행과정을 평가하는 전반을 말하는 '메타인지'를 키워주는 것이 미래 교육의 방향이 되어야 한다.

　앞으로는 4차 산업혁명과 AI 시대를 살아가게 되는데 구태의연한 방법으로는 헛수고를 하게 될 수도 있다. 4차 산업혁명의 주요 키워드는 스마트가전, 스마트워치, 스마트홈, 인공지능로봇, 가상현실, 자율주행, 사물인터넷, 드론 8가지로 나타난다. 이들을 관할하는 것은 빅데이터 및 클라우드가 된다. 사용자가 실시간으로 생성해내는 빅데이터를 기반으로 모든 AI 기술과 산업이 맞물려 빠

4차 산업혁명의 주요 키워드 8가지

(출처: 인공지능 기반 교육 가이드북, 2019, 부산광역시 교육청)

르게 발전하게 된다. 스마트 기기를 사용할 줄 모른다면 불편함을 느낄 수도 있고 다양한 혜택에서 자꾸 뒤처지게 된다. 지금 우리가 스마트폰이 없이 하루도 살 수 없는 이치와 마찬가지이다. 인간은 오히려 사유하고 느끼고 경험하는 것에 집중하게 되며 노동 집약적이며 많은 양의 데이터를 분류하고 예측하는 것은 AI 기술이 인간을 뛰어넘을 만큼 잘하게 될 것이다. 미래 사회는 스마트 산업으로 바뀌고 AI가 모든 것을 처리하게 되는데 인간들은 기계로부터 지배를 받게 될까 우려하는 경우도 많다. 전혀 불안해할 문제가 아니다. 결국에 AI를 학습시키는 데이터는 인간이 만들고 인간 중심의 AI와 함께 더 편리하고 행복한 미래 사회를 만들어가면 되는 것이기 때문이다. 이를 위해 교육이 매우 중요한 국면에 와 있다고 할 수 있다. AI 시대에 적합한 AI 교육을 통해 인간과 기계가 서로 조화롭게 협업하여 살아가는 미래를 우리는 체계적으로 배우고 자신의 경험을 바탕으로 성장해 나가야 한다.

미래 기술의 특성은 '초연결성 Hyper-Connected'과 '초지능성 Hyper-intelligent'으로 구분된다. 인간과 인간, 인간과 사물, 사물과 사물 간 네트워킹이 극대화되고 딥러닝과 빅데이터 기반 AI 관련 발전 속도가 빠르게 진전될 것으로 예측한다. 이렇게 과학기술이 빠르게 변화하고 이를 반영한 산업계의 변화는 일자리의 변화를 가져오게 된다. 새로운 요구에 따라 기술에 기반한 직업이 나타나게 되는데 새로운 역할과 환경에 적응하는 능력, 전문적인 기술지식과 실행능력, ICT 접목 활용기술 등이 어느 때보다 중요한 역량으로 자리 잡고 있다. 4차 산업혁명 시대는 사물인터넷, 유비쿼터스, 인공지능과 같은 '기술 지배적' 사회라 볼 수도 있겠지만 2016년 1월 세계경제포럼에서 '일자리의 미래' 보고서에 따르면 미래 사회는 사람들이 과학기술을 활용하여 더욱 긴밀하게 연결되고 비판적 사고와 창의력으로 복합 문제를 해결해 나가는 '사람 지배적' 사회라는 것을 알 수 있다.[8]

미래 사회를 위한 인재를 위해 필요한 역량으로는 4C를 상정할

---

8 류태호, 2017, 4차 산업혁명 교육이 희망이다, 31-43쪽, 경희대 출판문화원

AI4K12

(출처: https://ai4k12.org/)

수 있다. AI4K12에서는 5가지 Big Ideas를 다음과 같이 제시하였다.[9] 첫째, 컴퓨터가 센서를 통해 세상을 이해하는 인식Perception이다. 둘째, AI 주체가 세상을 표현하고 추론하는 표현과 추론 Representation & Reasoning이다. 셋째, 컴퓨터는 데이터로부터 학습Learning한다. 넷째, 인간과 기계는 자연스러운 상호작용Natural interaction을 한다. 다섯째, AI는 우리 사회에 긍정적이거나 부정적인 사회적 영향Societal Impact을 미칠 수 있다.

미래 사회는 AI와 함께 살아가야 하는 시기인 만큼 이에 발맞추

---

9 https://ai4k12.org/

21세기 미래 인재에게 필요한 핵심 역량 4C

(출처: 인공지능 기반 교육 가이드북, 2019, 부산광역시 교육청)

어 우리나라 교육의 방향도 기존과 다르게 적용되어 미래 발전적으로 구성되어야 한다. 21세기 미래 인재에게 필요한 핵심 역량으로 4C를 상정할 수 있다.[10] 4C는 비판적 사고Critical Thinking, 의사소통 능력Communication, 협업 능력Collaboration, 창의력Creativity으로 제시할 수 있고 학습 환경과 교육 대상에 따라 C가 배려Caring으로 나타나기도 한다. 미래 역량 4C 역량의 세부 항목을 지표로 제시하여 학습자와 교육 환경에 맞춰 설문을 실시해 볼 수 있다(부록 참조).

첫째, '비판적 사고'는 다양한 사고 방법을 이용하여 주어진 문

---

10 부산광역시교육청(2019), 인공지능 기반 교육 가이드북, 27쪽, 도서출판 어가

제를 분석하여 파악하고, 적절한 해결 방안을 수립하고 적용하여 해결하는 능력이다. 문제에 대해 끊임없이 탐구하고 합리적으로 생각하며 왜 그런지, 더 좋은 방법은 없는지, 정보가 옳고 그른지 판단하는 능력이다. '어떤 주장을 액면 그대로 받아들이지 않고 의문을 제기하는 능력'이라고 요약할 수 있다. 둘째, '의사소통 능력'은 언어적, 비언어적으로 표현된 생각, 감정, 의견 등을 해석하고 표현하며, 사회적 상황에서 적절하게 상호작용하는 능력이다. 소통의 중요성은 굳이 설명하지 않아도 우리 일상에서 바로 느낄 수 있다. 소통이 원활하지 않으면 그 어떤 일도 제대로 실행되기 어렵다. 내가 생각하는 것을 다른 사람에게 정확하고 논리적으로 표현함은 물론 다른 사람의 의견을 경청하며 공감을 잘하는 능력까지를 포함한다. 최근 비대면에 익숙해지고 있어 웹에서의 의사소통 능력도 중요하게 되었다. 셋째, '창의력'은 일반적으로 '새로운 생각을 해내는 힘'을 의미한다. 대상을 낯설게 보고 새롭게 생각하는 방법이다. 다양한 관점에서 대상을 바라보고 다른 사람과 내 생각이 어떻게 같고 다른지 비교하면서 더 나은 생각으로 발전해 가는 능력이다. 세계적으로 수많은 CEO를 대상으로 조사한 결과 리더의 가장 중요한 덕목으로 '창의력'이 선정되었다. 기존의 여러 연구에 따르면 창의력은 갑자기 생겨나는 것이 아니라 '모방-변화-결합-변형-창조'의 과정을 거쳐 생겨난다고 한다. 이

AI 기반교육연구회가 제안하는 미래 인재 역량

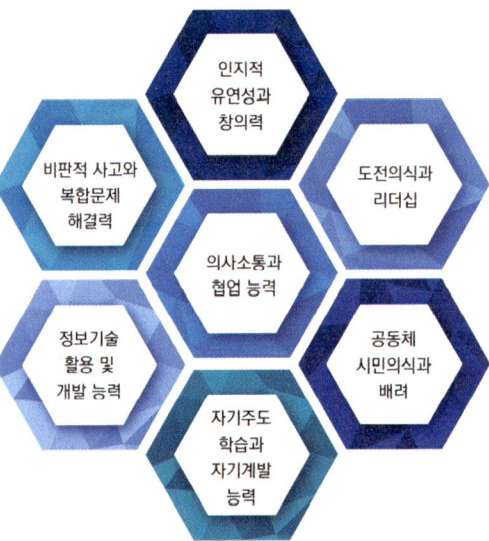

(출처: 인공지능 기반 교육 가이드북, 2019, 부산광역시 교육청)

를 통해 창의력은 고정적인 능력이 아니라 오랜 시간의 연습과 훈련을 통해 조금씩 개발될 수 있다는 것을 이해할 수 있다. 넷째, '협업 능력'은 공동체의 목표를 달성하기 위해 여러 사람들과 함께 효율적으로 업무를 수행하는 역량이다. 다른 사람의 의견과 나의 의견을 조율하며 유연성을 발휘하여 문제 해결, 새로운 산출물 창출, 학습 및 숙련을 위하여 다른 사람들과 효과적으로 상호작용하는 능력이라고 할 수 있다. 현대사회에는 협업의 중요성이 점점 더 강조되고 혼자 하는 작업의 비중은 점차 줄어들면서 '협업 능력'은 그 어느 때보다 강조되고 있다.

　AI 기반교육연구회에서는 4C를 좀 더 확장하여 21세기 미래 인재 역량을 7가지로 확장하였다. 도전의식과 리더십, 공동체 시민의식과 배려, 자기주도 학습과 자기계발 능력, 정보기술 활용 및 개발 능력이 추가 보완되었다. 디지털 환경에서 나타나는 디지털 시민성과 맞춤형 교육을 위한 자기 계발 역량, AI 기술을 자신의 주제와 연계하여 융합, 발전시킬 수 있는 역량이 필요한 것이다.

　그렇다면 과연 미래 교육의 방향은 새로운 디지털 기술을 만나 어떻게 적용되어야 할까? 교육의 주체와 목표, 평가에 따라 다음과 같이 구분해 볼 수 있다.[11] 첫 번째, 전통적인 방식이다. 교사instructor가 교수요목syllabus를 제공하여 과제assignments를 부여하고 학생들과 토론discussion을 통해 새로운 것을 발견해 나가는 방법이다. 교사가 주도적으로 학습 관리를 하며 학습자의 성취도를 평가한다. 두 번째, 알고리즘Algorithm 중심 방식이다. 알고리즘이 각 문항마다의 고유한 문항특성곡선에 의하여 학습자의 잠재적 특성 혹은 능력과 문항의 특성을 추정함으로써 학습하게 하는 방법이다. 데이터에 근거해 자동으로 점수가 부여된다. 세 번째, 동료Peer 활동 방식이다. 동료가 활동의 중심이 되어 여러 학습자의 데이터

11　tsl.mit.edu/covid19, MIT 미디어랩 비교미디어 연구학 교수 Justin Reich Keynote Speech, [KERIS] 2021 KERIS 심포지엄 & 글로벌 네트워킹 위크 〈미래교육을 재구성하다〉 참고(2021.11.23.)

와 작품 정보를 모아 제공하는 사이트$_{aggregator}$를 인터넷으로 공유하는 방법이다. 귀납적으로 학습할 수 있고 자신과 친구의 작품을 비교하면서 메타인지를 키울 수 있다. 이 세 가지 방식은 서로 조화롭게 구성되어야 한다. 교육 체계가 AI 교육 기술에서 어떤 가치를 부여하고 실제로 학교에 그러한 AI 기술을 가져오는 방법을 모색해야 한다. 교사는 기존 방식에서 새로운 변화를 추구해야 하며 교사만의 문제가 아닌 학교, 사회, 국가에서 모두 이러한 시스템을 마련하도록 노력해야 한다. 새로운 AI 기술의 장점과 사회적, 경제적, 기술적 불균형이 없도록 노력해야 한다. COVID-19의 범유행으로 온라인 수업을 진행했는데 화상 원격 수업인 'Google Classroom, ZOOM, Schoology, Canvas'만으로는 의미 있는 학습을 하기 어렵다. 위에서 제공한 교사 주도적인 학습 관리와 평가, 알고리즘 기반, 동료 상호작용 중심 교육을 적절히 교육 대상과 목표에 맞게 구성해야 할 것이다. 결국, AI 기계가 발달하고 최첨단의 AI 기계를 들여놓는다 해서 우리의 교육 환경이 갑자기 달라지는 것이 아니다. AI를 잘 활용하여 개인이 미래 역량을 키워주고 새로운 문제를 적절하게 해결할 수 있도록 교사, 학교, 가정, 사회, 국가 모두 AI 교육에 힘을 모아야 할 것이다.

2장
>>>

AI 리터러시가 정답이다

1
AI 기술 발달에 답해야 할 시대

AI는 우리의 일상에 깊숙하게 들어와 있다. AI는 단순 계산과 논리, 추론에서부터 기계번역, 예술적인 창작 활동, AI 추천 알고리즘, AI 상담사, 가상현실, 디지털 휴먼까지 매우 다양한 분야로 확산되고 있다. 일상생활을 좀 더 편리하고 풍요롭게 해야 하는 AI가 인간을 위협하고 일자리가 사라지게 될 것이라는 우려도 많다. AI 시대에는 단순 노동은 기계가 대신하게 되고 인간은 감정, 예술, 문화를 향유하며 전 세계 사람들과 연결해 다양한 경험을 맛보게 된다. 새로운 시대에 필요한 핵심 요소야말로 인문학이라 할 수 있다. 과학기술의 발전도 결국에는 인간들의 삶을 더욱 편리하고 효과적으로 하기 위함이다. 인간이 하기 힘든 것들을 AI를 활용해 처리하게 될 것이다.

보스턴 다이내믹스 CEO 마크 레이버트Marc Raibert는 마치 살아 있는 생명체와 같은 로봇을 꾸준히 개발하고 있다. 로봇 개발에서 4가지 중요한 요소로 정보가 입력되면 감지하기sensing, 정확하게 동작하기moving, 네트워크를 만들고 기계와 사람과 상호작용하기socializing, 판단하고 학습하기Reasoning & Learning로 볼 수 있다. 결국 로봇은 인간과 협업하여 더 나은 사회를 만들기 위해 끊임없이 개발되고 있다. 로봇과 같은 AI에게 인간과 상호작용하고 판단할 수 있도록 하는 것에도 과학적인 탐문뿐만 아니라 인문학적 사고가 융합되어서 나타나야 한다. 질병 치료나 위험한 장애물을 탐지하고 제거하는 작업을 위해서 로봇을 사용할 때에도 인문학적 성찰이 필요하다. 자율주행차에 적용해 보더라도 주행에 따른 윤리 가이드라인이 필요하며 운전자 습관, 도덕성, 생명 존중이 간과되어서는 안 된다.

AI 기술이 발달될수록 인간성을 회복하고 다양한 경험과 지식을 공유하는 인문학적 활동이 가치를 발휘하게 된다. 인간만이 할 수 있는 고유한 영역이 더욱 가치 있는 일로 여겨지기 때문이다. 이를 위해 AI가 가져오는 변화에 적응할 수 있도록 국가 차원에서 AI를 이해하고 활용할 수 있는 보편적인 교육을 제공해야 한다. AI 시대를 대비하려면 지금의 교육 패러다임으로는 부족하다. 앞서 살펴본 바와 같이, 미래 역량을 함양하고 4차 산업혁명 시대의 복합적 문제 해결력, 창의력을 키우기 위해서는 융복합적 교육이 필요하다. 인간과 AI, 과학기술과 인문사회학이 조화를 이루며 새로운 패러다임으로 나아가야 할 것이다.

4차 산업혁명 시대는 정보 사회이다. 앨빈 토플러의 물결 이론에 따르면,[1] 제3물결의 정보 사회는 과거 100년의 변화가 앞으로 10년 안에 이루어지는 급변의 시대인 것이다. AI가 발달하면서 기존 직업들이 없어지면서 우리의 삶을 위협하게 될 것이라는 불안함도 크다. 혁신과 기술 발달은 인류에게 긍정적인 삶의 변화와 편의성을 주는 반면에 기존 질서를 파괴하면서 나타나는 윤리적인 이슈 등으로 부정적인 영향력을 함께 고려해야 한다. 결국, AI와 함께 살아갈 미래 사회의 핵심은 AI 교육에 있다고 할 수 있다. 마가렛 미드 Margaret Mead 는 "신세계가 후세대에게 가르쳐주는 후형성적 문화 Postfigurative Culture"는 오래전에 사라졌으며 기성세대가 신세대에게 배워야 하는 전형성적 문화 Prefigurative Culture가 나타나고 있다"고 했다. 지식 전달이 아닌 AI를 활용하여 자신의 전문성을 키워야 하는 특성을 고려할 때 AI 교육은 학령기 아이들뿐만 아니라 평생 교육 차원으로 '보편적 개인 맞춤형 교육'으로 이루어져

1　앨빈 토플러 '제3물결'에서는 인간 문명의 발전 주기가 점차 짧아진다고 예측했다. 제1물결인 유목 사회에서 농업 사회로가 수천 년이 걸렸다면 제2물결인 농업 사회에서 산업 사회는 수백 년이 걸렸고 제3물결인 산업 사회에서 정보 사회로는 수십 년 사이에 혁명적으로 변화하게 된다.

야 한다.

　NIA 미래 2030 보고서에서는 고령화 사회로 가면서 교육, 직업에 관한 인식도 변화한다고 전망한다. 그도 그럴 것이 4차 산업혁명은 지능화 시대로 AI가 인간보다 더 잘하는 것들이 많아지게 되며 이에 맞추어 교육의 미래도 급변하게 되기 때문이다. 이러한 미래 사회의 변화를 교육계에 몸담은 사람들에게만 혁신을 추구할 수는 없다. "오늘날 미래를 위한 교육을 실시하는 데 있어서 심각한 문제는 사회가 가속도적으로 변함에 따라 미래 자체가 변하고 있다는 점이다. 정체된 사회에서의 미래를 위한 교육은 정지해 있는 목표물에 총을 쏘는 일과 같다면, 변천하는 사회에서의 교육은 움직이는 목표물에 총을 쏘는 것과 같다고 할 수 있다. 이제는 사회변동의 속도가 가속화함으로써 교육은 움직이는 물체를 타고, 움직이는 목표물에 총을 쏘아야 하는 상태가 되었다. 교육이 추구하는 미래는 점점 더 불확정적이며 유동적이다. 그뿐만 아니라 인간이 선택할 수 있는 가능성의 미래는 점점 더 수가 많아지고 있다." 이와 같이, 미래 사회의 교육은 사회 시스템 체계 안에서 이루어져야 하며 역동성을 지닌다. 21세기에 대응하는 미래 교육의 방향성을 '변화대응 교육, 사회문제 대처 교육, 개성 신장 교육, 모두교육과 평생교육'으로 삼을 수 있다.[2]

2　NIA Future 2030_AI와 고령화 시대의 일과 교육. https://www.nia.or.kr/site/nia_kor/ex/

인공지능을 알면 좋은 점이 무엇일까?

- 생활 주변의 인공지능 융합 기술의 인식으로 세상을 보는 눈이 달라진다.
- AI가 만들어가는 미래 세상에 대한 인식, 빠르게 변화하는 사회의 탐색, 미래 예측 능력이 신장된다.
- 소멸되거나 변화하는 직업의 탐색과 함께 새로운 직업의 선택 가능성이 확대된다.
- 새로운 기술의 활용과 개발에 대한 두려움이 해소되고 도전감이 생긴다.
- 융합적 성격으로 다양한 기술의 이해와 학문적 깊이가 생긴다.
- 타 분야 융합 역량을 통해 문제해결력, 창의력 등이 신장된다.
- 개인 삶에 활용함으로써 경제적 역량 신장의 힘이 확대된다.
- 세계 무대에서 개인 경쟁력을 갖추고 국가 발전에 기여한다.
- 인공지능에 내재된 인간 지능의 탐색을 통해 AI와 인간에 대한 이해가 심화된다.
- 착한 인공지능 기술의 이해를 통해 인간 중심의 기술, 인간의 평화와 행복 추구에 기여한다.
- AI가 만들어가는 새로운 윤리적 이슈와 사회적 영향에 대한 올바른 함의를 이해한다.
- 인간의 행복과 가치를 인식하고 더 나은 세상을 만드는 인류의 기준을 갖게 된다.

(출처: 한선관, 류미영, 김태령, 2021, AI 사고를 위한 인공지능 교육, 83쪽, 성안당)

우리의 미래사회가 급변하고 있으므로 교육이 변화해야 하는 것은 어쩌면 당연한 일일지도 모른다. 그러면 왜 AI를 알아야 하는지, AI의 교육적 가치에 대해 다음과 같이 생각해 볼 수 있다.

AI가 미래사회에 미칠 영향력이 긍정일지 부정일지에 대한 판별은 결국 인간이 어떻게 AI를 우리 사회에 공존하게 만들 것인가와 연관된다. 개인의 역량이 AI를 통해 여러 분야로 확장하기 위해서, 인간다움의 행복과 가치를 발견하기 위해서 우리는 AI 교육

bbs/View.do?cbIdx=82618&bcIdx=21581&parentSeq=21581

에 힘을 쏟아야 한다. AI 기술과 대립되는 것이 아니라 진정한 인간의 본질, 인간다움을 탐구하기 위해서라도 AI 교육의 가치와 중요성을 파악해야 할 것이다.

2
AI 리터러시 함양

　리터러시literacy란 '글을 읽고 쓸 줄 아는 능력Ability to Read and Write' 이며 교육 분야에서는 모든 교과, 지식 내용을 이해하고 활용하여 적용할 수 있는 능력을 말한다. '디지털 리터러시'라는 개념은 5,000여 년 전부터 유래한 3R's와는 별도로 문명의 발달에 따라 새로이 등장한 정보, ICT, 미디어, 디지털 등과 결합하여 이들을 활용하거나 그 자체를 사용할 줄 아는 능력으로 쓰이는 말이다. 미국도서관협회ALA 정보기술정책국에서 '디지털 리터러시'는 "디지털 정보의 탐색, 이해, 평가, 제작, 소통하기 위해 정보를 이용하고 기술과 소통할 수 있는 역량"으로 정의한다.[3] 매체와 기술이 발

3　이주호, 정제영, 정영식, 2021, AI 교육 혁명, 149쪽, 시원북스

달함에 따라 새로운 리터러시 개념들이 요구되는 현실이다.

AI 리터러시 역량은 AI 시대에 초연결사회의 구성원으로서 일상적인 삶을 영위하고 직무를 수행하는 데 필요한 소양으로서 윤리적 태도를 가지고 AI 관련 기술과 데이터의 관리, 활용, 구성의 과정을 통해 문제를 해결하는 실천적 역량이다.[4] AI 리터러시의 개념은 AI에 관한 지식, AI 사용기술, AI 활용 능력, AI에 대한 태도 등으로 구성된다. AI 리터러시 역량은 AI가 사회와 개인에게 미치는 영향을 이해하고 개인적·학문적 목적을 위해 AI를 이용하고 프로그램을 작성할 수 있는 능력을 갖추는 데 필요한 것이다.[5] 읽고 쓸 줄 아는 능력만큼이나 AI 리터러시 역량이 미래 사회를 살아갈 필수적이고도 핵심적인 요소가 될 것은 분명하다. AI로 인하여 인간을 다시 정의하는 시대에 있어 문화적 변화에 적응하고 이에 필요한 지식을 습득해야 한다. AI를 이해하고 설명할 수 있어야 하며 응용할 수 있도록 AI 리터러시 역량을 바탕으로 AI로 인한 인간과 사회, 문화적 변화에 대응해야 한다.[6]

AI 시대에는 다양한 리터러시가 서로 연결되어 작용한다. AI 리터러시와 관계 리터러시의 관점에서 시대가 요구하는 리터러시의

---

[4] 부산광역시교육청, 2019, 인공지능 기반 교육 가이드북, 도서출판 어가

[5] 박현식 외, 2021, 인문사회학으로 보는 AI, 85-86쪽, 자유아카데미

[6] 박윤수·이유미, 2021, 대학생의 AI 리터러시 역량 신장을 위한 교양 교육 모델, 정보교육학회 논문지, 25:3, 429쪽

AI 시대의 리터러시 구조와 역량

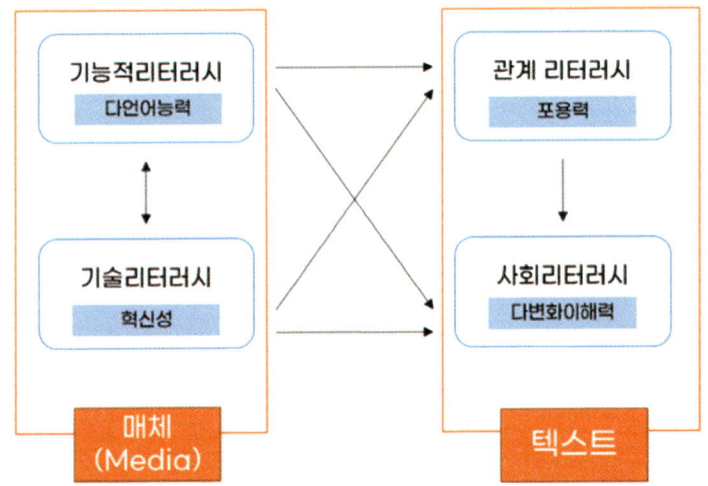

(출처: AI 시대의 리터러시 구조와 역량, 이유미 2021)

연관성을 보여준다. 기능적 리터러시와 기술 리터러시는 사회적 소통을 위한 상징 기호를 학습하는 기초적 리터러시이다 이러한 두 리터러시 능력은 한 가지만 습득하여서는 사회의 안정적 참여가 어렵다. 아이들이 글을 알지 못해도 태블릿을 활용하여 자신이 원하는 프로그램을 시청할 수 있다고 하더라도 이는 한정적 기술 리터러시일 뿐 각 분야의 기술에 대한 원리를 깊이 있게 이해하기 위해서는 언어 학습은 필수적이다. 글을 이해하는 데 있어서 기술 리터러시가 영향을 주는 것은 언어를 학습하는 데 있어 다양한 기

술의 활용이 더 효율적인 방법이 된다.7

　AI 리터러시의 교육 내용은 정의적affective 영역으로 태도를 인지적cognitive 영역으로 지식과 지능을, 심동적psychomotor 영역으로 실행력을 구분할 수 있다.8 AI 리터러시 교육 목적을 고려하여 미래 사회의 인재를 양성하기 위해 학습자에게 효과적으로 가르쳐야 한다. AI 리터러시는 핵심 역량, AI 관련 요소, 교과 특성에 맞는 필수적인 내용을 설정할 필요가 있다. 학령기 아이뿐만 아니라 영유아 아이들마저도 스마트 디지털 미디어를 자주 접하게 되는데 무조건 미디어를 차단하기보다는 올바르게 사용하도록 돕고 디지털 방식으로 글자를 익히며 지식을 습득하도록 해주어야 한다. 아이들은 스마트 생산, 자율주행차, AI 로봇, 사물인터넷, 디지털 미디어가 범람하는 사회에서 살게 되므로 AI 교육을 위한 국가적인 준비가 필요하다. AI 리터러시 역량은 영유아, 초등, 중등, 고등, 대학, 일반인, 평생 교육으로까지 단계별로 확장할 수 있도록 하고 체계적이면서도 지속적으로 함양되어야 한다.

　Long & Magerko(2020)에서 제안한 AI 리터러시 역량은 16가지로 제시했고 김진석 외(2021)에서는 이를 바탕으로 AI 교육 내

7　이유미, 2021, AI 시대의 리터러시, AI 리터러시와 관계 리터러시를 중심으로, 제3회 AIH 워크숍 발표자료집

8　김진석 2021, 인공지능 리터러시 기반 초·중등교육의 내용과 교수·학습 방안 탐구, 한국초등교육 32-3, 24쪽

인공지능을 알면 좋은 점이 무엇일까?

	Long & Magerko (2020)	김진석 외(2021)
AI 리터러시 역량과 AI 교육 내용	AI 인식(Recognizing AI) AI 이해(Understanding Intelligence) 학제간성(Interdisciplinarity) 광의의 정의와 협의의 정의(General vs. Narrow) AI의 강점과 약점(Strengths & Weaknesses) 미래의 AI 상상하기(Imagine Future AI) 지식의 표현에 관한 역량(Representation) 의사결정 머신러닝의 단계(Decision-Making) 기계학습의 단계적 과정에 관한 이해 역량(Steps) AI 사회에서의 인간의 역할(Human Role in AI) 데이터 리터러시(Data Literacy) 데이터에서의 학습(Learning from Data) 비판적 데이터 이해(Critically Interpreting Data) 행위와 반응(Action & Reaction) 센서에 대한 이해 역량(Sensors) AI 윤리(Ethics)	AI와 윤리 AI와 일상생활 AI와 의사소통 지능형 에이전트(agent)의 이해와 역할 센서와 인식 행위와 반응 AI 표상(representation) 기계학습과 딥러닝 데이터의 속성과 학습 정형 데이터와 비정형 데이터

(출처: 한선관, 류미영, 김태령, 2021, AI 사고를 위한 인공지능 교육, 83쪽, 성안당)

용을 다음과 같이 제안하였다.

 AI 리터러시 역량과 AI 교육 내용을 살펴보면, AI 시대에 AI가 인간과 사회에 어떠한 영향을 미칠 것인가와 관련하여 AI를 이해하고 빅데이터를 기반으로 미래를 예측하고 정보를 추출하는 데에 있다고 할 수 있다. 다시 말해, AI 자체를 교수학습하는 AI 이해와 AI를 과목과 연계하여 확장하는 AI 활용으로 나눌 수 있으

21세기형 교양교육 프레임워크

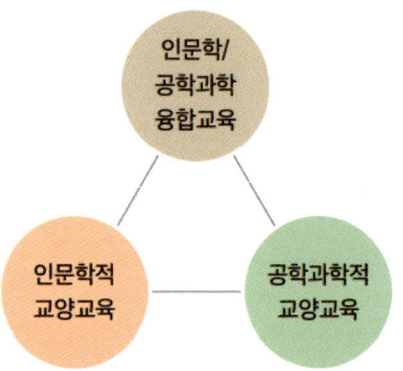

(출처: NIA Future 2030_AI와 고령화 시대의 일과 교육)

며 학습자의 요구와 교육 목표에 따라 단계별로 설정할 수 있다. AI 시대의 리터러시 역량은 AI로부터 변화한 사회 특성에서 파악할 수 있다. 앞서 리터러시 연관성에서 살펴본 기능적 리터러시는 다언어능력을, 기술적 리터러시는 혁신성을, 관계 리터러시는 다양한 관계에 대한 포용력을, 사회 리터러시는 다양한 변화에 대한 정확한 이해력을 기본 역량으로 삼을 수 있고 AI 시대의 특징을 지니는가에 관련된 역량이다.[9]

AI 리터러시 역량은 학령기만이 아닌 모든 연령층을 대상으로 가르쳐야 하므로 AI 리터러시는 특권층을 위한 것이 아닌 모든 사

---

9 이유미, 2021, AI 시대의 리터러시: AI 리터러시와 관계 리터러시를 중심으로, 제3회 AIH워크숍 발표자료집

초등 학년군별 학습환경

5,6학년군 : 교사와 학생의 AI도구 사용 환경
▲
3,4학년군 : 교사 주도의 AI도구 운영 가상의 학습 환경
▲
1,2학년군 : 교사 주도의 AI도구 사용 환경

람에게 보편적으로 실시되어야 한다. AI 리터러시는 평생을 살아가면서 경험하고 축적하는 정보를 개인 역량에 맞추어 확장하고 타분야와 융복합하여 확장함으로써 개인의 가치를 더욱 높이는 방향으로 평생교육 시스템에서 길러져야 한다.

AI 리터러시는 글을 알고 도구를 다룰 수 있는 시기부터 시작하면 좋다. 영유아 시기에서 시작해도 무방하지만 학교 교육의 체계로 들어온다면 초등학교부터 시작하는 것이 보편타당할 것이다. AI 리터러시 교육의 단계를 초등학생 학년별 학습 환경을 고려하여 적용할 수 있다. 초등학교에서는 AI를 도구로 활용하여 교과 연계가 효과적이다.

1,2학년군은 AI 도구를 교사가 주도적으로 교육에 활용한다. 전통적 도구를 AI 도구나 에듀테크로 교체하기 시작하는 단계라 할 수 있다. 3,4학년군은 교사 주도로 AI 도구를 운영하는 가상의 학습 환경으로 구분할 수 있다. 5,6학년군은 교사와 학습자가 AI 도

구를 활용하여 창의적으로 교수학습을 구현하는 단계라 할 수 있다. 초등학교에서는 AI 도구를 교사가 주도적으로 활용하는 기초 단계이다. 중고등학교 학습자는 발전 단계로 AI나 에듀테크를 재설계하며 주어진 과제나 문제를 추상적으로 사고하고 추론하여 문제를 해결하고 과제 수행 활동으로 구현할 수 있다. 고등학교 학습자 중에서 심화 단계로 학습자들이 AI의 강점과 약점, 컴퓨터 추론과 의사결정, 데이터에서의 학습을 비판적으로 분석하고 탐구하여 기술을 활용하여 학습 활동을 재설계하는 역량을 함양할 수 있다. 대학교 이상의 학습자들은 AI와 에듀테크를 활용하여 다양한 창조물과 자신의 전공 분야에 활용할 수 있는 역량으로 확장, 발전할 수 있다.[10] 이처럼 AI 리터러시는 AI을 이해하여 인간의 삶에 AI를 적절하게 활용하는 역량을 키우도록 지속적이고도 단계별로 이루어져야 한다.

　AI 리터러시 함양은 모든 계층에서 공정하게 이루어져야 한다. 19세기 리터러시는 특권층이 누리는 덕목이었던 것처럼 글을 읽고 쓸 줄 알고 다른 사람의 생각과 지식을 습득하며, 사회적 의사결정을 이끄는 중요한 상징 대상을 잘 이해하고 활용할 수 있는 일종의 지식 향유의 특권이었다.[11] 인공지능 시대도 마찬가지로

10　김진서 2021, 인공지능 리터러시 기반 초·중등교육의 내용과 교수·학습 방안 탐구, 한국초등교육32-3, 26쪽

11　이유미, 2020, 인문콘텐츠 확장을 위한 인공지능인문학 시론(試論), 인문콘텐츠 56호, 205-

AI 리터러시 역량은 국가 차원에서 책임을 갖고 소외계층까지 실시해야 한다. 온라인 수업이 장기화되면서 교육격차는 더욱 확연해지고 디지털 소외계층이 나타나게 되었다. AI에 대한 이해와 AI 활용이 제대로 되지 않는다면 미래 사회에서 뒤처지고 AI 빈곤층, AI 취약계층으로 전락하게 된다. 이러한 불균형은 사회 문제를 야기할 것이고 이로 인한 갈등이 생겨나게 될 것이다. 전 세계적인 흐름을 보더라도 AI 리터러시는 국가 경쟁력에 중요한 핵심 역량이 되며 어린아이 때부터 제대로 단계별로 지속적으로 AI 리터러시를 키워주어야 한다. 특히, 영유아, 초등 단계에는 AI 기술보다는 인문학적 성찰이 토대가 되어야 하는데 AI 윤리, AI와 상호작용하는 의사소통 능력을 함께 키워주어야 한다. 무분별하게 AI 기기와 AI 기술에 노출시키다 보면 역효과가 나타날 수 있다. AI 리터러시 역량은 국가 주도의 정책만으로는 해결될 수 없고 가정과 학교, 산업체, 기관 등 다양한 공동체에서 관심과 협의를 통해 지속적으로 온 국민에게 키워주어야 한다.

　AI 리터러시는 사회적 학습으로 이루어져야 한다. 유발 하라리Yuval Harari는 그의 유명한 저서 《사피엔스》에서 수많은 유인원의 한 종에 불과했던 호모 사피엔스가 지구 생태계를 지배하는 탁월한 생명체가 된 이유를 설명한다. 그 출발점은 뛰어난 소통 능력

227쪽

때문이다. 인간은 언어라는 탁월한 소통 도구를 만들어 내어 다른 어떠한 생명체보다 미묘하고 정교한 의사소통을 할 수 있게 됐다. 사람은 언어로 국가나 종교, 사상과 같은 상징과 목표를 만들어내고 그 깃발 아래 수만 명에서 수억 명까지 집단적으로 움직일 수 있는 생명체라고 했다. 또한 다른 생명체들도 군집생활을 하며 거대한 집단을 이루고 사는 생명체들이 있지만, 사람처럼 정교한 의사소통을 하는 사회적 존재는 없다. 사회성을 연구하는 미국 UCLA의 심리학자 매튜 리버만Matthew Lieberman은《사회적 뇌》에서 호모 사피엔스가 지배적 종이 되게 된 배경은 추상적 사고능력이 아니라 사회적 사고 능력 때문이라고 단언한다. 이처럼 인간은 '사회적 학습'을 통해서 더욱 진화하며 다양한 사람들과 연결을 통해 자신의 경험과 가치를 고양한다. 인간만이 향유하던 탁월한 소통능력인 '언어'는 이제 AI로 확장될 전망이다. AI와 협응하여 올바른 소통을 하기 위해서 AI 리터러시를 함양해야 한다.

사회적 학습은 연결주의에서 비롯하여 네트워크를 통해 배운다는 의미의 학습 이론이다. 사회적 학습의 개념은 이미 1963년 앨버트 밴두러Albert Bandura 교수가 소개한 학습 방법이다. 그러나 밴두러 교수의 초기 사회적 학습의 핵심은 관찰과 모방이었다. 교사, 친구, 부모, 주변 사람들의 행동이나 언어를 관찰하고 모방하면서 사회적으로 학습하게 된다는 원리이다. 이에 비해 4차 산업혁명 시대의 사회적 학습은 정보 생태계 안에서 구성원들이 서로 사회적 상호작용을 하는 과정에서 이루어지는 학습에 주목하게 된다. 어느 한 쪽만 다른 한쪽의 행동이나 언어를 관찰하고 모방하면서 학습하는 것이 아니라 서로 대화하고 정보를 공유하는 과정을 통해 연결된 정보를 만들어 가거나 새로운 정보를 재생산하게 된다는 것이다. 누리소통망SNS를 통해 올라온 정보에 대해 자신의 생각을 덧붙이거나 뉴스피드나 팔로우를 통해 다른 사람들이 올린 정보를 공유하고 찾아보는 일련의 과정이 모두 사회적 학습이 될 수 있다.[12]

미래 사회는 사회적 학습social learning이 더욱 확대될 전망이다. 학교에서 수업을 통해 공부하는 것뿐만 아니라 온라인 공개 수업MOOC, Massive Open Online Course나 유튜브나 넷플릭스와 같은 OTTOver the TOP, 누리소통망SNS 등을 통해 지식을 습득하게 된다. AI 리터러시 역량은 이러한 사회적 학습을 통해 이루어진 지식이 과연 올바른 정보인지, 가치 타당한 내용인지를 판단하는 역량까지를 포함한다. 데이터 편향성bias 문제로 치우친 데이터를 학습된 AI 알고리즘은 가짜 뉴스를 확산하거나 성차별, 혐오 표현 등의 사회적인 문제를 여과 없이 노출할 수 있기 때문이다.

AI 리터러시는 AI 원리와 개념에 대한 이해로부터 교과 연계한

---

12 류태호, 2017, 4차 산업혁명 교육이 희망이다, 175-182쪽, 경희대 출판문화원

융합교육, 문제 해결 능력, 비판적 사고력, 데이터에 대한 태도, 해석가능한 AI, 투명성, 설명가능성, AI 윤리성 등을 모두 포함한다. AI를 도구로 인류 발전을 위해 새로운 도전과 창의적 활동을 하기 위해 요구되는 일련의 요소들이 AI 리터러시를 기반으로 이루어지는 것이다. AI를 제대로 활용하고 더 많은 정보와 지식을 바탕으로 올바르게 소통하며 자신의 역량을 탐색하고 확장해 나가는 데 강력하면서도 유용한 역량이라 하겠다.

3
인문학 기반에서의 AI 활용

    AI 시대에는 인문학적 가치가 더욱 중요해진다. AI가 인간보다 똑똑하다 해도 인간만이 누릴 수 있는 인문학적 가치는 오랜 역사 속에서 변함없이 축적될 것이다. 모라벡의 역설_{Moravec's Paradox}이란 컴퓨터가 어려운 일은 인간은 쉽고 인간이 어려운 일은 컴퓨터가 쉽다는 컴퓨터와 인간의 능력의 차이를 역설한 것이다.[13] 2016년 구글 딥마인드가 개발한 AI 바둑 프로그램 알파고가 바둑 기사 이세돌을 이긴 것처럼 수학적 계산, 논리 분석에 있어서는 AI가 인간을 뛰어넘지만, 인간의 고유한 속성과 공감과 같은 인문학적 가

---

13 모라벡의 역설은 인공지능 및 로봇 연구원이 높은 수준의 추론을 위해서는 계산이 거의 필요 없지만 낮은 수준의 기술(걷기, 듣기, 느끼기, 눈으로 보기)은 엄청난 양의 연산 리소스가 필요하다는 발견이다(https://www.scienceall.com/maravecs-paradox/).

치는 AI가 미치지 못한다.

AI 시대에는 롤프 옌센Rolf Jensen이 언급했듯이, 감성의 인간인 '호모 이모셔널리스Homo Emotionalis'가 핵심으로 작용할 것이다. 새로운 시대에는 믿음, 정서, 예술, 사랑, 아름다움의 가치가 부, 명예, 권위의 가치보다 중요하게 여겨진다는 것이다.[14] 인간만이 누릴 수 있는 감정, 예술성, 소통과 공감 능력, 문화적 가치, 창조성이야말로 미래 사회의 핵심 역량이 된다.

미래 사회에는 르네상스형 인간이 주목받게 된다. 인문학적 통찰력으로 혁신을 만든 '스티브 잡스Steve Jobs'가 르네상스형 인간의 대표적인 예이다. 스티브 잡스는 예술성, 창의성, 애플 브랜드의 가치를 첨단기술인 아이폰에 투영해 시대적 아이콘이 되었다. 르네상스형 인간은 창의력, 상상력, 융합능력이 두루 갖춘 인간으로 자신의 경험을 토대로 새로운 문화를 창조하고 상상력을 동원하여 자신만의 콘텐츠를 만들어간다. 다양한 분야를 넘나들고 전 세계의 여러 사람들과 소통하면서 공감하면서 경험을 공유해 나가며 융합하는 역량이 핵심이 된다. 규칙, 논리, 계산을 빠르게 처리하는 AI는 이러한 인간을 도와주어 더 나은 의사결정을 하도록 해준다.

교육에서도 인문학적 소양을 키워주고 AI 시대에 인간만이 누

---

14 한지우(2021), AI는 인문학을 먹고 산다, 미디어숲, 156-157쪽

릴 수 있는 고유성을 계발하도록 해주어야 한다. 학교와 가정, 공동체에서는 개인의 경험을 통해 축적된 역량과 잠재력을 발견하여 인간다운 삶을 영위하며 미래 사회의 인재로 발돋움하도록 도와주어야 한다. 공교육에서는 융합인재교육STEAM을 위해 개별 교과 중심으로 분절된 교육의 한계를 극복하고 학생들의 미래핵심역량인 창의성Creativity과 협동 능력Cooperation, 의사소통 능력Communication, 비판적 사고력Critical thinking을 키우도록 해야 한다.

세계경제포럼 회장인 클라우스 슈바프Klaus Schwab는 4차 산업혁명 기술의 잠재력으로 인간성이 '로봇화'될 수 있다고 경고한다. 인간 본성의 정수인 창의성, 공감, 윤리적 감정을 성찰하며 새로운 시대에 적합한 인간성을 고민해야 한다고 말한다. 인류가 인간성에 대한 깊은 성찰을 하기 위해서 네 가지 지능을 키워야 한다고 주장한다. 첫 번째 지능은 '상황 맥락 지능'이다. 이 지능은 인지한 것을 잘 이해하고 적용하는 정신적 능력을 말한다. 새로운 동향을 예측하고 상상력을 도입해 나름의 결론을 도출하는 능력이다. 이 능력을 기르기 위해서는 다양한 배경의 네트워크 힘을 빌려 경계를 허물고 효과적인 파트너십을 구축해야 한다. 두 번째 지능은 '정서 지능'이다. 생각과 감정을 정리하고 결합하여 자신 및 타인과 관계를 맺는 마음의 능력이다. 정서적 지능은 자기인식, 자기조절, 동기부여, 감정이입, 사회적 기술을 담당하는데 이 지능이 높은 사람은 창의적이면서도 빠른 회복력을 지닌다. 세 번째 지능은 '영감 지능'이다. 이 지능은 개인과 공동의 목적, 신뢰성, 여러 덕목 등을 활용한 영혼의 능력이다. 공유와 가치를 핵심으로 하여 일의 의미와 목적을 고민하고 탐구하며 공동체에 대한 새로운 의식을 부여하는 지능이다. 네 번째는 '신체 지능'이다. 구조적 변화에 필요한 에너지를 위해 건강한 몸을 유지하는 능력으로 미래 사회에서 역동적으로 살아가기 위해서는 반드시 요구된다.

인문학 기반의 AI 활용은 인간다움에 대한 성찰에서부터 출발한다. 인문학 정신인 '인간성 회복', '인류의 공동선', '인간해방' 등은 모든 시대에서 공통적으로 요구되었다. 디지털 기술과 인문학 정신이 결합하여 '인문콘텐츠'를 생성했다면, AI 시대를 맞아 인문학이 AI 기술에 어떻게 결합할 것인가 새롭게 고민해야 하는 'AI 인문학'의 지평을 넓혀갈 수 있다. AI 인문학은 인문학을 기반으로 자연과학, 사회과학, 기술공학을 연결하는 융합적 연구를 지향한다.[15]

다음의 그림은 '중앙대학교 인문콘텐츠연구소'에서 2018년부터 수행하고 있는 AI 인문학의 하위 분야들이다. AI 기술 발전에 따라 인문학적 관점에서 학제적 연구를 진행하며 AI로 인한 개인과 사회의 변화 양상을 예측하며 이에 다양한 연구 방법론, 교육

---

15 이유미, 2020, 인문콘텐츠 확장을 위한 인공지능인문학 시론(試論), 인문콘텐츠 56호, 212쪽

(출처: 이유미, 2020, 인문콘텐츠 확장을 위한 인공지능인문학 시론(試論), 인문콘텐츠 56호, 213쪽)

체계를 마련하는 데에 있다. AI 인문학은 인간이 AI 시대에 해야 할 역할과 방향성을 탐색한다는 데에 중요하고도 핵심적인 학문 분야이다. 인류가 지능화되고 연결이 될수록 AI 인문학의 가치는 더욱 발휘하게 된다.

    그렇다면 인문학 기반의 AI 활용은 누구나 쉽게 접근할 수 있다. AI 플랫폼이 다양화되어 있어 인터넷만 연결되면 누구든지 연결이 가능하다. AI 인문학 기반의 콘텐츠를 활용하는 것은 크게 세 가지 정도로 요약될 수 있다. 첫째, 디지털 독서의 중요성이다. 둘째, 고전과 문화재의 가치 탐험이다. 셋째, 빅데이터의 정보 활용이다.

첫째로, 디지털 독서의 중요성에 대해 살펴보자. 최근에는 디지털 교과서, 전자책의 수요가 늘어났다. 손쉽게 디지털 책을 구입해서 언제 어디서나 구애받지 않고 원하는 책을 읽을 수 있다. 미국에서는 1996년에 인터넷 아카이브라는 비영리 기관을 설립하고 책, 영화, 소프트웨어, 음악 등의 디지털화와 무료화를 추진해 왔다. 그중에서 2010년에는 오픈라이브러리를 열어 300만 권의 책을 디지털화해 무료로 제공한다.[16] 이러한 디지털 도서관은 기계 번역의 도움을 얻어 언어의 장벽까지 무너질 것으로 예상한다.[17]

둘째로, 고전과 문화재로부터의 가치 탐험이다. 인류의 발전은 역사와 문화를 거듭하면서 이루어졌다. 기술이 발달할수록 과거 경험에 대한 축적과 노하우는 그대로 계승이 된다. 새로운 것은 하루아침에 나오는 것이 아니라 지속되어 왔던 경험에서부터 모방과 실패를 거듭하면서 창조되게 되는 것이다. 최근 COVID-19의 영향으로 박물관을 잠시 폐관하게 되면서 디지털 형식으로 재바꿈이 신속하게 이루어졌다. 국립중앙도서관 OASIS(Online Archiving & Searching Internet Sources)[18], 근현대사 디지털아카이브[19], 서울역사 아카

---

16 인터넷 아카이브(https://archive.org/), 오픈라이브러리(https://openlibrary.org/)

17 류태호, 4차 산업혁명 교육이 희망이다, 55-57쪽, 경희대학교 출판문화원

18 http://www.oasis.go.kr/

19 http://archive.much.go.kr/index.do

이브[20], 디지털 한글박물관[21], 구글 아트 앤드 컬처[22] 등 디지털 아카이브로 구축된 고전 및 문화재 자료는 무한하다. 실제로 가보지 않고서도 다양한 지식의 보고를 한눈에 찾아볼 수 있고 또 비교해 볼 수 있다. 최근에는 AR Augmented Reality, VR Virtual Reality이 발달하면서 실감형 형태로 박물관에 와 있는 것처럼 느끼고 체험하게 될 것이다.

셋째로, 빅데이터 정보 활용 능력이다. 정보의 홍수 속에서 사는 우리들은 앞으로 이러한 정보를 제대로 구축하고 추출하고 활용할 수 있어야 한다. 우리의 의도와는 상관없이 하루에도 수만 건 이상의 데이터를 구축하고 추출하며 살아간다. 일상과 맞물려 생각하면 오늘 날씨가 어떤지, 주변 맛집이 어디에 있는지 '검색 search'하는 것부터 약속 시간이나 '코로나 확진자 알림'까지 모두 데이터로 쌓이게 된다. 비즈니스 분야에 적용되는 빅데이터로는 고객 개인의 과거 히스토리를 이용해 '맞춤형 추천'이 있다. 뿐만 아니라 의료 서비스, 재해 예측, 정보 보안, 음성 인식 스피커에 이르기까지 우리는 일상생활에서 빅데이터를 기반으로 다양한 서비스를 누리고 있는 셈이다. 이러한 빅데이터 정보를 적절하게 활용하면 각 분야에서의 필요한 인재가 되며 AI 빅데이터 전문가로 고

---

20 https://museum.seoul.go.kr/archive/NR_index.do

21 http://archives.hangeul.go.kr/

22 https://www.google.com/culturalinstitute/beta/

빅데이터-인사이트-가치

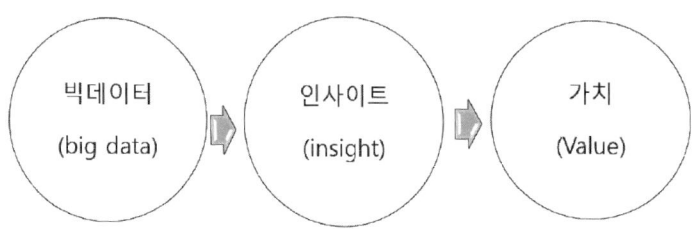

(출처: 조성준, 2021, 세상을 읽는 새로운 언어, 빅데이터, 43쪽)

액의 연봉도 받을 수 있다. 실제로 대기업은 물론 스타트업, 중소, 중견 기업 나아가 실리콘밸리에서도 빅데이터 전문가가 필요하며 이에 대한 대우도 IT 직종자보다 좋은 편이다.[23]

빅데이터가 쌓이면 이를 분석하는 과정을 통해 인사이트로 바뀌고 인사이트는 다시 실행을 통해서 가치를 창출하게 된다. 이러한 인사이트와 가치 창출은 기술의 힘만으로는 이루어질 수 없고 언어, 역사, 심리, 철학 등의 인문학적 성찰로 이루어질 수 있다.

빅데이터는 전공자가 아니고 코딩을 잘 알지 못해도 시작할 수 있다. 자신의 분야에서부터 시작하면 좋고 최근에는 다양한 알고리즘이 GitHub을 통해 공개되어 있고 공공데이터도 여러 기관에서 공개하고 있다. 기초적인 지식과 실제 데이터에 대한 이해가 더해진다면 충분히 빅데이터 정보 활용 능력을 키울 수 있다. 학

---

23 서대호, 2021, 1년 안에 AI 빅데이터 전문가가 되는 법, 반니, 26-27쪽

습적으로 보면 초등 단계에서부터 자신의 일기를 데이터화한다 던지 하루에 먹은 음식과 칼로리를 기록해 보거나 공부한 과목과 시간 새롭게 알게 된 점, 오답 노트, 공부 전략 등을 데이터화하는 데에서부터 시작할 수 있다. 자기가 좋아하는 활동으로 빅데이터를 구축할 수도 있는데 영화 비평, 독서 감상, 상품 리뷰 등도 이에 해당한다. 이러한 라이프로깅Life logging 형태로 구축된 빅데이터는 메타버스Metaverse는 플랫폼으로 가상 현실과 연결되며 새로운 콘텐츠로 거듭나게 될 것이다. 나만의 빅데이터로부터 추출된 정보, 경험, 이야기 등이 AI 플랫폼 속에서 새로운 콘텐츠로 뻗어 나가게 되는 시대에 도래한 것이다.

AI 시대에는 노동 집약적인 일은 기계가 대체하게 되며 인간이 해야 하는 일은 매우 고부가 가치를 창출하는 전문적인 일이다. 지식과 기술, 기능과 융복합은 앞으로 새로운 전문 분야들을 생성하게 되며 개인의 소질과 관심과 결합되면 새로운 AI 콘텐츠로 자리매김하게 된다. 앞으로는 고령화, 전문화, 지능화 사회가 도래하는데 AI를 활용하는 주체도 인간이며 이를 통해 행복한 인류를 만들어가는 것도 인간이 중심이 되어야 한다. 새로운 기술도 그 안에 담기는 정보가 없으면 적절하게 활용될 수 없다. AI 기술로 활용될 수 있는 내용을 채울 정보라는 것은 결국 개인의 삶, 경험, 정체성, 인간다움과 같은 인문학 기반에서 비롯한다. 인문학 기반의 AI 활용이야말로 미래 사회를 준비하는 가장 큰 무기가 아닐 수 없다. 인문학적 기반의 AI 역량 증가는 인간으로서 AI 시대에서 최적의 가치와 역량을 발휘하고 더불어 잘 살 수 있는 미래 인재를 만들어 낼 수 있다.

3장
>>>

AI 콘텐츠로 미래 전략 세우기

1
AI 기반 교육

이 장에서는 AI 콘텐츠로 미래 전략을 세우는 방법에 대해 살펴보기로 하자. 실제 교육 현장에서 활용할 수 있는 다양한 콘텐츠를 소개하며 스스로 AI 교육 전략을 세울 수 있도록 하였다.

AI 기반 교육AIBEF: Artificial Intelligence Based Education for Future이란 교육에 AI 기술을 도입하여 교육 내용, 교육 방법, 교육 체제의 변화를 모색함으로써 현재 진행 중인 고도의 기술 발달로 인한 불확실성의 사회에 능동적으로 대처해 가는 역량 있는 인재를 길러 내는 교육을 말한다.

AI 기반 교육은 교육 목적, 교육 대상, 교육 환경에 따라 다양하게 적용될 수 있다. AI 이해 교육으로 SW 교육의 확장으로 나타

AI 기반 교육의 현재와 미래의 위치

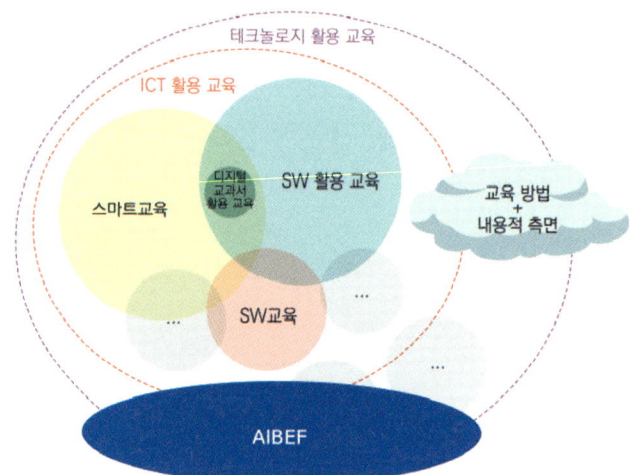

(출처: 인공지능 기반 교육 가이드북, 2019, 부산광역시 교육청)

날 수도 있고 AI 활용 교육으로 교과와 연계하여 AI 도구 활용으로 진행할 수 있다. AI 자체에 대한 원리와 개념을 이해하는 것도 중요하지만, AI를 도구로 활용하여 개인의 주제와 관심 분야에 맞게 AI 콘텐츠를 만들어 가는 역량이 다양한 분야에서 활용될 수 있다.

2
스토리텔링

　우리가 오래전부터 입에서 입으로 전해져 온 옛이야기, 설화, 민담, 신화 등을 떠올려 보자. 누가 이야기하느냐에 따라 조금씩 변형이 되기도 하고 자신의 경험을 섞어 새로운 결말을 만들어내기도 한다. 스토리텔링이란 '스토리story + 텔링telling'의 합성어로서 말 그대로 '이야기하다'라는 의미를 지닌다. 다시 말해 상대방에게 알리고자 하는 바를 재미있고 생생한 이야기로 설득력 있게 전달하는 행위이다. 미국 영어교사 위원회National Council of Teachers of English에서는 스토리텔링을 음성voice과 행위gesture를 통해 청자들에게 이야기를 전달하는 것이라고 정의하는데, 대개 스토리텔러storyteller들은 이 단어를 이야기를 하는 사람과 이야기를 듣고 상상력을 발휘하는 청자 간의 인터랙티브한 과정이라 말한다. 셜리 레인즈Shirley Raines, 스토리텔러는 이야기story, 청자listener, 화자teller가 존재하고, 청자가 화자의 이야기에 참여하는 이벤트라고 주장하기도 한다.1

스토리텔링이란 상대방에게 알리고자 하는 바를 재미있고 생생한 이야기로 설득력 있게 전달하는 행위를 일컫는다. 미래학자 롤프 옌센Rolf Jensen은 "세상은 이미 물질적인 부가 아닌 문화와 가치, 생각이 중요해지는 꿈의 사회로 진입했으며, 이러한 사회에서는 브랜드보다 고유한 스토리를 팔아야 하며 이제 스토리텔링을 배우지 못한다면 사람들을 설득할 수 없고, 설득할 수 없다는 것은 원하는 것을 얻지 못한다는 의미와도 같다"고 말했다.2

스토리텔링은 오랜 시간 우리 일상 속에 자연스럽게 스며들어 있지만, AI 시대에는 역동성을 지니게 된다는 데에 주목할 필요가 있다. 미래 교육에 있어 '스토리텔링은 스토리리빙Storytelling to storyliving'으로 변화하고 있다. 스토리텔링이 단방향을 벗어나 점차 양방향으로 변화함에 따라 유저가 기본 스토리 자체의 무결성을 훼손하지 않으면서도 자신의 스토리를 만들어가는 스토리리빙

---

1 한국문학평론가협회, 2006, 문학비평용어사전, 국학자료원

2 백미숙, 2014, 스피치로 승부하라, 서울: 교보문고

Storyliving으로 발전하고 있다.3 웹소설, 게임, 유튜브 등으로 이야기 하기 방식으로까지 스토리텔링의 방식이 디지털 웹 플랫폼을 통해 대량으로 생산, 유통, 소비되는 구조를 지니게 된다는 것이다. '익숙함 속의 새로움'을 보여주기 위해 온라인 환경을 통해 이야기를 변형하고 캐릭터를 선택하여 재생산하는 방식이다.4 AI 시대의 스토리텔링은 더욱 중요해지고 디지털 플랫폼과 SNS를 통해 확장된다. 창작자의 경험과 스토리가 AI 기술을 접목해서 전 세계의 불특정 다수와 공유하며 피드백을 통해 새로운 스토리로 재창출되기 때문이다.

초등학교에서 교과 연계로 스토리텔링을 접목해 보았다. 스토리텔링 방식은 영상 만들기, 패러디하기, 웹툰 그리기 등 다양하게 시도해 볼 수 있지만, AI 플랫폼을 활용한 융합 교육으로 시도해 보았다. 초등 국어 교과에 나오는 뒷이야기 상상하기와 엔트리 코딩을 융합하여 상상한 내용을 블록형 코딩으로 구현할 수 있는데 실제 수업 사례와 관련된 내용을 소개하고자 한다.

AI 콘텐츠를 활용한 교육으로 국어 교과에 적용할 수 있다. 국어 교과가 AI 융합 교육에 중요한 이유는 국어 교과는 모든 과목의 핵심이자 상상력과 사고력을 키우는 미래 역량 함양에도 연관

---

3   http://www.keris2021.net/(2021/11/23)

4   강우규, 2021, 인공지능 시대의 스토리텔링과 이야기 향유 방식, 문화와 융합 43-5, 604-605쪽

성이 깊은 교과이기 때문이다. AI 국어과 콘텐츠를 활용한다면 학습자는 창의성, 비판적 사고, 의사소통 능력, 협동성 등 미래 역량을 키울 수 있다.

AI 교육의 목적은 학습자가 AI에 대한 이해를 갖추고 다양한 분야에 AI 사회적 영향력을 인식함으로써 AI 윤리적 활용을 도모하도록 하는 데 있다. AI 교육은 두 가지 유형으로 실천 가능한데 하나는 '도구로서의 인공지능 Leaning with AI'이며, 다른 하나는 '목적으로서의 인공지능 Learning about AI'이다. 도구로서의 AI는 AI 교육 방법이나 교육 환경에 적용을 중시하며 목적으로서의 AI는 AI 기술이 교육 내용이 되는 것을 의미한다.[5]

초등학교 현 교육과정에서는 AI를 도구로 활용하여 교과와 연계하는 AI 융합 교육이 적합하다. 특히 AI 융합 교육은 인문학을 토대로 AI 콘텐츠를 활용하여 국어 교과와 연계하여 교수학습한다면 국어과의 성취기준은 물론 학생들의 미래 역량 함양에도 효과적이다. 한선관·류미영·김태령(2021:280-282)에서 국어 교과 AI 활용 교육의 예로 '① 다양한 유형의 담화, 글, 작품을 정확하고 비판적으로 이해하고 효과적으로 표현하며 소통하는 데 필요한 기능을 익힌다. ② 듣기·말하기, 읽기, 쓰기 활동 및 문법 탐구

---

[5] 신진선·조미헌, 2021, 초등학생을 위한 활동중심 인공지능 융합 교육 프로그램 개발 및 적용, 정보교육학회논문지 25:3, 438쪽

와 문학 향유에 도움이 되는 기본 지식을 갖춘다. ③ 국어의 가치와 국어 능력의 중요성을 인식하고 주체적으로 국어 생활을 하는 태도를 기른다.'의 목표에 대해 손 그림자 AI, 자연어 분석기 활용해 문장 내 구문 분석하기, 한국어 공공 AI 오픈 API 데이터 서비스 활용하기를 제시하였다. 수학, 음악, 미술 교과에 비해 국어 교과는 통합적으로 제시되었고 초등 국어 단원의 목표와 성취기준에 맞춰 세분화하여 AI 융합 교수학습이 이루어질 필요가 있다.

그렇다면 실제로 AI 콘텐츠를 활용하여 국어 교과에 적용함으로써 그 타당성과 효용성을 한번 살펴보기로 하자.[6]

수업은 40분씩 총 3차시로 구성하였고 국어과 성취기준과 미래 교육 역량을 고려하여 구성하였다. 수업 단계는 ①문제 발견하기 ②아이디어 생성하기 ③아이디어 선택하기 ④아이디어 적용하기 ⑤정리 및 피드백으로 진행하였고 '이어질 사건에 대한 뒷이야기 만들기'에 엔트리Entry 블록형 코딩에 접목하여 아이디어를 적용한 창의적 작품을 만들도록 하였다. 국어과 단원은 4학년 2학기 1단원 〈이어질 장면을 생각해요〉에서 만화 영화 「오늘이」를 선정하였고 국어 활동 「임금님 귀는 당나귀 귀」를 함께 구성하였다. '만화 영화를 감상하고 사건을 생각하며 이어질 내용을 표현하기'라는

---

6 본 교수학습 및 작품 분석은 정유남·이영희, 2021, AI 콘텐츠를 활용한 융합 교육의 실제, 제3회 AIH 워크숍 발표문의 일부 내용에서 발췌한 것임.

주제에 부합하도록 창의성 계발을 위한 AI 융합 교수 학습 방안을 설계하였다. 국어과 단원 중에서 미래 역량을 강화하고 창의적인 활동으로 연계될 수 있는 '이어질 뒷이야기 표현하기'라는 주제를 융합 교수학습의 내용으로 선정하였다. 학생들에게는 국어 수업을 통해 감상한 만화 영화 「오늘이」와 국어 활동 「임금님 귀는 당나귀 귀」의 뒷이야기를 AI 콘텐츠로 만들도록 하였다. 이야기의 등장인물, 장면 등을 생각하며 텍스트 명령어를 만들어 엔트리 블록형 코딩으로 연계하여 만들게 하였다. 이야기를 텍스트 형태로 엔트리 속 인공지능 블록에 입력하여 다양한 음성, 동작, 배경음악을 표현하도록 하였다. 학습자는 자신의 창작물을 공유하며 다양하고 창의적인 해석을 할 수 있고 친구의 작품에 대해서도 자유롭게 피드백하도록 하였다. 이로써 창의성, 비판적 능력, 의사소통 능력, 융합 능력이 향상되었음을 확인할 수 있었다.

학생들의 창작 작품의 스크린샷을 일부 제시하면 다음과 같다. 인식 조사 결과 남학생과 여학생의 반응이 각기 다르고 교사와 학생들의 동료 평가를 반영한 결과로 우수 작품 및 피드백을 반영한 작품은 다음과 같다.

담당 교사가 평가했을 때 우수 작품을 살펴보면 남학생(위)과 여학생(아래)의 작품의 특성에서 차이가 있다. 남학생의 경우 여러 가지의 오브젝트가 장면에 구현되지는 않았으나 알고리즘이 구체

엔트리_우수작(남)

엔트리_우수작(여)

(엔트리 코딩으로 뒷이야기 상상하기 학생 작품)

적으로 진행된 것을 알 수 있다. 명령어도 '모양으로 바꾸기', '위치로 이동하기', '읽어주고 기다리기', '소리 재생하기', '말하기' 등 다양하게 실현된 것을 알 수 있다. 이에 비해 여학생의 작품은 다양한 오브젝트를 추가하여 이야기를 구성한 것이 흥미로운 결과이다. '오늘이'의 친구로 보이는 '구름이'를 설정하였고 '여의주', '매일이의 집' 등의 배경과 장면을 구체적으로 제시한 부분이 특기할 만하다. 이러한 작품에서 남학생은 프로그램 알고리즘에 좀 더 초점을 맞추는 데에 비해 여학생들은 이야기의 주인공과 장면을 꾸미는 데에 창작 활동을 한 것으로 파악된다. 즉, 동일한 AI 국어과 융합 수업을 진행하더라도 성별이나 자신의 흥미도에 따라 내용을 구성하고 표현하는 데에 차이가 있으며 이로써 자신이 자신 있고 흥미로워하는 부분을 구체화하고 해당 역량을 함양한다는 데에 의의가 있다.

다음 작품은 동료 평가 피드백을 반영한 작품이다. 위쪽은 친구들에게 작품을 발표했을 때 동료들이 제일 잘했다고 평가한 작품이다. '오늘이'의 대사를 '말하기' 명령어로 'Let's go! 가즈앙!', '랄랄라라랄라!!'와 같이 실제로 말하는 것처럼 표현한 것을 알 수 있다. 아래쪽의 작품은 코딩 수업의 사후 조사에서 '코딩이 매우 힘들었다', '어려웠다' 등의 부정적인 반응을 한 학생의 작품이다. '백조'의 장면에 대해 '소리' 재생을 시도하고 있었고 장면과 신호,

엔트리 코딩_친구들이 잘했다고 인정한 작품

엔트리 코딩_부정적 피드백

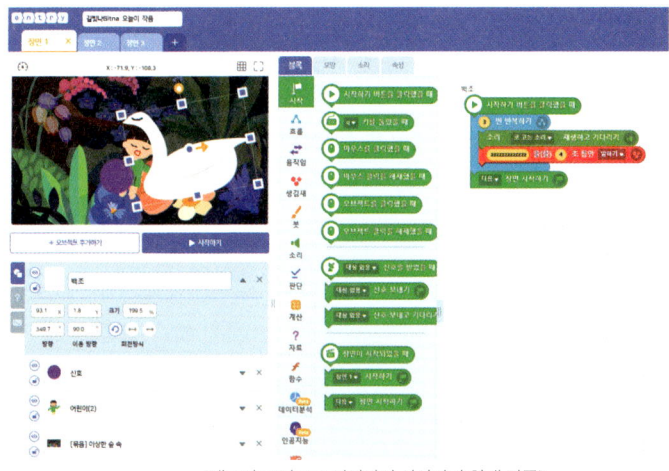

(엔트리 코딩으로 뒷이야기 상상하기 학생 작품)

오브젝트 '오늘이'를 설정한 것을 보았을 때 크게 뒤처진 작품이 아니다. 다만 구체적인 방법과 처음 시도하는 수업이라 학생이 잘 해내야 한다는 부담을 느꼈을 수 있다. 이러한 정서적 태도에 관해서는 코딩 융합 수업이 점진적으로 시도되면서 충분히 극복될 수 있다고 본다.

스토리텔링이 녹아 있는 작품에서 볼 수 있듯이, 학생이 엔트리 코딩에 대한 배경지식이 있고 컴퓨터 활용능력이 뛰어난 경우 좀 더 흥미로운 창작물로 완성되었다. 이에 비해 엔트리를 활용하는 역량이 다소 부족하여 제대로 표현하지 못한 경우도 있었다. 이러한 학생들의 경우 상상한 내용을 그림으로 직접 그리거나 실제 글로 표현했더라면 더욱 자신 있게 생각이나 느낌을 표현했을 수도 있다고 본다. 외국어를 학습했을 때 자신의 생각을 적절한 표현으로 충분히 나타내지 못하는 것과 같은 맥락으로 이해할 수 있다. 이러한 도구 활용 능력의 차이를 극복하기 위해서는 AI 융합 교육이 좀 더 구체적으로 세분화되어 학습자의 요구에 맞는 맞춤형 방식으로 이루어져야 할 것이다. 앞으로 AI 시대는 AI와 소통하면서 AI를 활용한 콘텐츠가 다양한 분야에서 핵심적으로 작동하게 될 것이다. 이를 대비하기 위해서도 학생과 교사는 AI 활용 능력을 갖추고 AI 융합 교육을 확대해야 한다.

흥미로운 사실은 AI 융합 교육은 문과와 이과의 경계를 허물고 문제 해결형 인재로 만들어 준다는 점에서 고무적이다. 일반적으로 인문학 과목에 우세한 여학생들이 AI 활용능력이 다소 남학생들에 비해 부진함에 따라 자기 생각과 표현이 충분히 있음에도 불구하고 적절하고 효과적으로 나타내지 못하는 아쉬움도 나타났다. 이에 반해 작품을 꾸미고 구체적인 이야기를 만드는 것을 다소 귀찮아 하는 남학생들도 엔트리 블록 코딩을 통해 더욱 다양한 형태로 자신의 생각과 느낌을 표현한다는 것을 발견할 수 있었다. 이처럼 AI 융합 교육은 문과와 이과를 융합하며 새로운 방법으로 실생활에 도움이 되는 문제 해결 능력과 의사소통 능력, 창의성, 비판적 사고력 등을 키울 수 있다.

AI 콘텐츠 및 플랫폼을 활용한 국어과 교수학습을 진행하면서 교사의 관점에서 학생들의 교육적 경험과 의미를 살펴보았다. 그 결과, 개인적 차원에서는 학습자의 자발적 참여, 컴퓨터 도구 활용능력의 신장, 결과물 창출을 위한 도전 및 문제해결 능력의 함양을 확인할 수 있었다. 사회적 차원에서는 활동 결과에 대한 공유 및 활발한 소통을 확인할 수 있었다.

본 교육 설계는 AI 교육을 단계적으로 받지 않은 4학년 학생들에게는 다소 어려웠다고 판단된다. 계획했던 시간보다 3배 정도의 시간이 더 필요했고 여러 차례 도구 활용에 대한 피드백이 요구되었다. 특히 「오늘이 뒷이야기 상상하기」는 80분 수업을 계획하였으나 120분 정도의 시간이 요구되었고, 코딩을 잘하는 학생들에게는 수월하기도 했지만 대체로 처음 시도하는 작업이라 엔트리 플랫폼 가입부터 사용 방법까지 상세한 안내가 필요했다.

C 초등학교는 3학년 때 창의적 체험 활동 속에서 컴퓨터 코딩 기초 수업을 34차시(1학기 17차시, 2학기 17차시)를 배웠기 때문에 컴퓨터를 능숙하게 다루는 학생들이 각반에 몇 명씩 있는 상황이었다. 하지만 국어과 교수학습을 AI 콘텐츠 및 플랫폼을 활용해서 4학년 학생에게 진행하기가 쉽지만은 않았다. 본 연구를 다시 진행할 때는 5~6학년을 대상으로 적용해 보는 것이 적절할 것으로 판단된다.

본 연구에서 남녀 사이에 확연한 차이가 있음을 확인할 수 있었다. 면담 과정에서도 남학생이 훨씬 긍정적으로 응답하였다. 작품의 질과 우수성 면에서 여학생의 작품이 남학생의 작품보다 더 다양하고 꼼꼼했음에도 불구하고, 설문과 면담에서는 여학생들은 부정적 답변을 많이 했다.

여학생은 엔트리에 있는 블록을 창의성 있게 사용하지 못하고 복합적인 이야기보다는 단순한 이야기 쪽으로 머무는 경향이 있었다. 평소에 모범적인 학생들보다 도전 정신이 강하고 호기심이 많은 학생의 작품이 우수했다.

자율성 측면에서 관찰해보면, 매사에 모범적이고 교사의 지도를 그대로 잘 따라 하는 여학생들이 더 어려워하거나 어떻게 해야 할지 망설이는 경향이 있었다. 정답이 딱 나오고 익숙한 것에 잘 순응하는 아이들보다는 다소 엉뚱한 발상을 하는 학생들이 다양한 아이디어로 창의적인 작품들을 많이 선보였다. 예를 들어 '코딩게임을 만들어 보자'는 단순한 과제를 제시했을 때에도 정답이 있는 문제 풀이에 익숙한 학생들보다는 상상력이 풍부하고 모험적인 학생들이 더 적극적이었다.

초등학교에서 AI 융합 교수학습은 개인의 상상력을 동원한 다양한 스토리텔링을 반영한다. 학생들의 작품을 공유하고 무엇이 다른 친구들의 작품과 같고 다른지 서로 비교해 봄으로써 메타인지를 키울 수 있다. 학습 효과를 분석하기 위해 설문조사를 실시하였다. 학생들에게 뒷이야기 상상하기 수업이 끝난 다음 "엔트리에 있는 AI 인공지능 블록을 이용하여 어떤 수업을 할 수 있을까?"라고 질문을 했더니, 'AI가 내는 퀴즈 프로그램', '카메라를 이용한 활동', '번역기' 등 다양한 의견을 제시하였다.

다음은 학생들의 면담 응답을 워드 클라우드로 분석하여 남학생과 여학생의 응답 내용을 시각화한 것이다.

남학생의 면담 내용에서 '재미있다', '좋았다', '할 수 있다', '좋은 경험이었다', '다른 것으로 해 보고 싶다' 등의 긍정적인 피드백을 살펴볼 수 있다. 다소 부정적인 의견으로 '컴퓨터를 활용한 내용 연결이 원활하지 않아서', '블록 명령 기능의 단순성', '엔트

[그림] 워드 클라우드의 수업 면담 응답 시각화 남학생과 여학생

리 내용의 제한성', '타자 연습 필요' 등 문제 해결을 위한 내용과 방법의 새로운 탐색으로 연계될 수 있다. 국어 수업 때 뒷이야기를 상상하여 AI 콘텐츠로 융합한 창작물을 만든 것이 효과적인 활동이었다고 볼 수 있다.

여학생의 면담 내용으로는 '어려웠다', '귀찮았다', '헷갈렸다', '소질이 없다', '싫다' 등의 부정적인 피드백이 나타났다. 이러한 요인으로는 상상한 작품을 실제로 '직접 그리기' 활동으로 제출하고 싶었던 것이 드러나는데 AI 콘텐츠 활용이나 AI 도구에 관한 낯섦과 부담감이 고스란히 드러난 결과라 볼 수 있다. 그럼에도 불구하고 '코딩은 계속해야 한다', '다양한 방법을 알고 싶다', '컴퓨터 잘하는 친구가 부럽다', '다른 친구들을 참고했다' 등 AI 융합 역량이 중요하고 필요하다고 인식하고 있음을 발견할 수 있었다. AI 융합 수업이 처음에는 낯설고 어렵게 느껴졌더라도 그 필요성을 인식하고 AI를 활용할 수 있는 범위가 차츰 확대됨에 따라 학생들의 인식은 긍정적으로 변화할 것이며 학습의 효과도 배가될 수 있음을 확인하였다. 이러한 AI 국어과 융합 수업은 점진적으로 확대될 필요성이 있으며 좀 더 다양한 주제에 적용하여 교육해야 한다.

학교에서는 학생들이 스스로 교과 내용과 AI 콘텐츠를 융합하여 새로운 창작물을 만들어내도록 환경을 조성하고 교사도 학생들이 내용과 실제 생활의 융합이 이루어질 수 있는 문제 해결 능력을 함양하도록 지도해야 한다.

3
영화감상과 글쓰기

현재 초등학생들은 디지털 네이티브 세대이자, 유튜브 네이티브 세대이다. 이들은 SNS에 매우 익숙하고 다양한 영상매체가 구현하는 언어는 '모국어'와 다름없을 정도로 자연스럽다. 그러므로 영상 및 디지털 미디어에 출생 전부터 노출되어 있는 새로운 세대를 올바르게 교육하여, 이들이 건강한 시민으로 성장하도록 하기 위해서는 이들에게 걸맞은 새로운 교육방식을 개발할 필요가 있으며 여기에 바로 영화교육의 필요성이 존재한다.[7]

영화교육은 영화를 잘 보는 방법부터 영상으로 이야기하기까지 영화를 둘러싼 모든 영역을 아우르는 것이다. 이것은 미디어 리터

---
[7] KOFIC 연구 2021-04, 청소년 영화교육 교육과정기준 연구 개발, 영화진흥위원회

러시 교육의 핵심이기도 하다. 영화를 '오락물'로만 분류하고, 영화 보기를 '쉬거나 노는 일'로만 바라보는 사회적 시선을 넘어 '예술'로서, '사회문화적 텍스트'로서 영화를 바라보도록 하는 것이 중요하다. 즉 미디어 리터러시를 넘어, 예술교육의 확장이고, 미디어 세대에 맞는 통합적인 교육인 것이다.

여기에서 소개하고자 하는 내용은 '영화감상 교육'의 일환으로 학생들 간의 토론 및 감상 공유 작업을 통해 지식정보처리 역량, 창의적 사고 역량, 심미적 감성 역량을 개발하고 강화하는 데에 효과를 가져올 수 있는 방법이라고 생각된다.

영화는 생각하기, 상상하기, 말하기, 글쓰기, 만들기, 영상으로 표현하기 등 다양한 교육 활동으로 전개할 수 있다. 그 중 '글쓰기'를 통해 다양한 관점에서 세상과 소통할 수 있는 활동을 소개해 본다.

AI가 우리 일상생활에 밀접하게 다가오는 시대임은 틀림없다. 그러나 AI시대에는 우리 사회가 그동안 경험하지 못했던 윤리, 도덕적인 문제들이 드러나기 시작할 것이며 이로써 인간과 기계 간에 어떤 문제들이 발생할지 논의해 볼 수 있다. AI의 사회적 영향력을 고려하여 'AI 윤리'도 최근 관심을 받고 있는 이유도 그런 맥락이다. AI를 기술적으로 활용한 교육도 중요하지만, AI와 관련된 학생들의 기본 소양과 인식을 다루는 면도 중요하다. 이때 영화교육을 활용한다면 개념을 구체화하고 일상생활 적용에 적절한 교수 방법이 될 것이다. AI가 우리 사회에 어떤 영향을 미칠까? 인간이 어떻게 AI와 공존하며 살아갈 수 있을까? 등 기계와 인간의 공존을 소재로 한 영화 '고장난 론', '월-E' '빅히어로'를 추천한다.

여기에서 제시하는 활동지는 '초등영화교육연구회(에듀씨네)'에서 제작한 것으로 '인디스쿨 창체게시판'에서 '정씨네'를 검색하면 곧바로 활용이 가능한 학습지이며 '광주 계림초 정일승 교사'가 제작하였다. 또한 '에듀씨네'는 영화 감상을 넘어서 학생들에게 교육적으로 유익한 장편, 단편, 독립 영화를 발굴하고 활동지를 제작 연구를 하는 교사들의 모임이다.[8]

참고 자료로 부록편에서 실제로 수업했던 학생들의 영화수업 관련 학습지 작품을 수록하였다. 주제는 AI뿐만 아니라 인권, 다문화, 평등, 과학기술 등 다양한 주제로 진행되었다.

영화진흥위원회에서 연구 개발한(영화교육의 학년별 세부 목표 및 성취기준)도 부록에 수록하였다. 영화교육의 영역별 학습목표를 '감상', '표현', '생활화'로 나누어 가이드라인을 제시한 자료이다. 이 중 '생활화' 영역은 AI에 대한 간접경험과 민주시민의식을 고취시키는 데 적합하다.

---

8 에듀씨네-초등영화교육연구회-샘스토리(https://samstory.coolschool.co.kr > zone > story > educine)

| #로봇 #미래 산업 | 영화 '빅 히어로' 학습지 | 학년   반 이름: |

★ 보기 전 (3분 미리보기)
① 영화 속 '베이맥스'는 어떤 모습인가요? 왜 이런 모습을 하고 있을까요?
② 영화 속 '베이맥스'의 역할은 무엇인가요?
③ 이 영화는 어떤 내용으로 전개될까요?

★ 보는 중
– 영화 속 인물들의 특징을 정리해봅시다.

인물			
특징			

– 영화를 보면서 다음 물음에 답해봅시다.
① 치료 로봇 '베이맥스'와 같이 인간의 건강을 관리해 주는 로봇이 있어서 좋은 점과 나쁜 점에는 어떤 것이 있을까요?
  • 좋은 점:
  • 나쁜 점:
② 인간의 고뇌와 상실감에 대한 처방과 치유 방법은 무엇일까요?

③ 인간적인 로봇 이야기에서 여러분은 어떤 생각을 하게 되었나요?

- 보면서 가장 인상 깊었던 대사나 장면을 메모해 봅시다.

• 인상 깊었던 대사 또는 장면:

• 까닭:

★ 본 후
- 이 영화가 우리에게 전달하고자 하는 의미를 생각해 봅시다. (교훈)

- 미래를 바꾸기 위해서 진정으로 우리는 무엇을 해야 할까요?
  과거는 과거일 뿐, 현재를 살아가고 다가오는 미래를 위해 우리는 무엇을 해야 하는지 본인의 생각을 써 봅시다.

- 미래 사회는 과학에 의한 선(善)과 악(惡)이 다양하게 표출될 것입니다. 과학 기술 발달로 인해 인류에게 일어날 수 있는 악(惡)한 일을 예상하여 써 봅시다.

| #인공지능 #기술의 발달 | 영화 '고장난 론' 학습지 | 학년 반 이름: |

★ 보기 전 (3분 미리보기)
① 영화 속 '론'은 어떤 모습인가요? 왜 이런 모습을 하고 있을까요?
② 영화 속 '론'의 역할은 무엇인가요?
③ 이 영화는 어떤 내용으로 전개될까요?

★ 보는 중
- 영화 속 인물들의 특징을 정리해봅시다.

인물			
특징			

- 영화를 보면서 다음 물음에 답해봅시다.
① 모든 아이들이 최첨단 소셜 AI 로봇 '비봇(B-BOT)'을 갖고 있는 세상에서 만약 여러분이 고장난 로봇을 선물 받았다면 어떻게 어려움을 극복해 나갈 수 있을까요?

② 인공지능(AI)과 관계를 맺는 아이들의 이야기를 통해 이 영화에서 말하고 싶은 주제는 무엇일까요?

③ 친구와의 진정한 우정은 무엇이라고 생각하나요?

- 보면서 가장 인상 깊었던 대사나 장면을 메모해 봅시다.

• 인상 깊었던 대사 또는 장면:

• 까닭:

★ 본 후
- 과학 기술의 발달은 사람들의 삶을 편하게 만들어 줍니다. 하지만 심각한 부작용도 많습니다. 과학 기술이 발달하면 좋은 점과 그에 따른 부작용을 생각해보고 친구들과 미니 토론을 해 봅시다.

• 과학 기술이 발달하면 좋은 점:

• 과학 기술 발달의 부작용:

〈토론 주제: 과학 기술의 발달은 인간의 삶에 반드시 필요하므로 꾸준히 진행해야 한다.〉
- 원형 토론
① 학급을 절반으로 나누어 한 팀은 안쪽 한 팀은 바깥쪽으로 둥글게 앉습니다.
② 마주 보며 앉은 친구와 함께 찬성 주장과 반대 주장을 번갈아가며 토론합니다. (각각 2분 30초씩)
③ 5분이 지나면 바깥쪽에 앉은 친구들이 오른쪽으로 이동하며 위 과정을 반복합니다.

• 찬성에 대한 근거:

• 반대에 대한 근거:

나의 최종 주장과 근거

• 주장:
• 근거:

★ 보기 전

✪ 다음 영상들을 보고, 인공지능(AI)에 대해 알아봅시다.

1. 인공지능의 학습 방법 : **달러닝**

   - 수많은 (   ) 사이에서 답을 찾아가는 과정.
   - (   )가 많으면 정확도가 상승.

2. 인공지능과 함께 하는 미래의 모습은 어떠할 지 상상하여 적어봅시다.

```
┌─────────────────────────────────────────────┐
│                                             │
│                                             │
│                                             │
└─────────────────────────────────────────────┘
```

★ 보는 중

✪ 영화를 보며 다음 질문에 답해봅시다.

1) 영화 속에서 지구의 미래는 어떤 모습인가요? 그곳에서 로봇 월-E는 어떤 일을 하나요?

2) BnL의 우주선 엑시엄은 어떤 목적으로 만들어졌을까요?

3) 월-E가 이브와 달리 감정이 풍부한 까닭은 무엇일까요? (인공지능의 학습 방법과 관련하여 생각해보세요)

4) 이브는 무엇을 찾기 위해 지구에 왔을까요?

5) 5년 동안 항해 예정이었던 엑시엄은 몇 년 동안 항해중인가요? 그 이유는 무엇일까요?

6) 엑시엄이 지구로 돌아가기 위해서는 무엇이 필요한가요?

7) 엑시엄의 선장이 생각한 지구와 이브가 보여 준 지구는 어떻게 달라나요?

8) 인공지능 오토가 지구로 갈 수 없다고 한 까닭은 무엇인가요?

9) 엑시엄의 선장이 지구에 가야한다고 주장하는 근거는 무엇인가요?

10) 엔딩 크레딧을 보면 앞으로 지구에서의 삶은 어떠할 것이라고 예상되나요?

★ 본 후

1. 영화 월-E가 그린 미래의 모습

쓰레기로 뒤덮인 지구

바로 옆에서도 통화하는 사람들

혼자서는 일어날 수 없는 사람들

스크린만 쳐다보는 사람들

갈수록 뚱뚱해지는 사람들

로봇에게 길러지는 아이들

- 위의 장면들을 보고, 영화가 우리에게 그려 준 미래의 모습은 어떤 모습인지 적어봅시다.

2. 내가 그린 미래의 모습

1) 인공지능이 우리에게 주는 혜택과 피해를 생각해봅시다.

혜택

피해

2) 인공지능과 함께 살아가기 위해서는 어떤 원칙이 필요할까요?

원칙 1.

원칙 2.

원칙 3.

3) 내가 생각하는 미래의 모습은 어떤 모습인지 간단하게 묘사해봅시다.

★ 한줄평

☆☆☆☆☆

활동지에 나온 질문들로 수업을 하다 보면 대다수의 학생들이 사회문제에 적극적인 관심을 보이고 있으며 예상하지 못했던 창의적인 답변을 들을 수 있다.

　예를 들어 '고장난 론'에서 모든 인관관계는 쌍방향 작동이어야 하고, 최첨단 소셜 AI 로봇(B-BOT)이 고장났다면 책을 읽어 주거나 지식을 쌓게 해서 비봇과 함께 어려움을 극복해 나간다 등 AI와 관계를 맺는 아이들의 이야기를 통해 영화에서 말하고 싶은 주제를 자연스럽게 도출해 나갈 수 있었다. 또한 AI는 친구를 사귀는 도구일 뿐이지 그 자체가 사람을 대신할 수는 없다고 생각한다에 많은 학생들이 동감을 하고 있었다.

　'월-E' 내용에서는 인공지능과 함께 살아가기 위해서는 다른 사람에게 피해가 되거나 해가 되는 명령에 대해 기본적으로 판단할 수 있어야 하고, 서로 대화를 많이 해야 한다 등 인간이 살아가는데 필요한 규범과 도덕성을 지키면서 현실에 재미있게 적응하기를 바라는 마음을 읽을 수 있었다.

　'빅 히어로'에서는 사생활 침해, 개인정보유출과 같은 과학기술 발달로 인해 새롭게 떠오르는 사회 악영향에 대한 문제를 자연스럽게 토론해 볼 수 있다.

　이처럼 영화는 사회적으로 이슈가 되는 문제나 우리가 다시 한번 고민해 볼 주제를 다룰 때 좋은 소재가 될 수 있으며 국어과의 표현과 감상영역에서도 학생들의 역량을 확장시킬 수 있다.

지금까지는 영화감상 글쓰기를 통한 AI 시대의 윤리, 도덕교육을 주제로 소개했다. 'AI 시대의 영화교육'은 어떻게 응용될 수 있을지 교육 현장에서 아이디어를 정리하면 다음과 같다.

- 영화 캐릭터들의 다양한 발음과 억양을 듣고 이해하는 능력
- 영화 속의 이야기와 현실의 이야기를 연결하는 상상력
- 다양한 대중 문화를 통한 다른 문화를 이해하는 능력
- 픽션 영화에 대한 개인 생각 발표
- 제시된 상황에 핵심 어휘 연습하기

(AI 시대의 영화감상과 글쓰기)

AI를 활용한 교육이 새로운 기반 체계로 자리를 잡게 되면, 지능형 개인 교습체제ITS: Intelligent Tutoring System 또는 맞춤학습체제 Adaptive Learning System가 대표적인 방법이 될 수 있다. 대화에 기반을 둔 교습체계ELEs, Exploratory Learning Environments, AI 언어학습, 작문 자동 채점AWE, Automatic Writing Evaluation, 챗봇Chatbot 등 학교 또는 가정에서 다양한 교육 프로그램과 기자재를 이용한 온라인 교육이 증가하고 일반화될 것이다. 이런 추세를 감안하면 영화를 적용한 콘텐츠가 하나의 대안으로 제시할 수 있겠다.

4
대화법

대화의 기법은 그리스 수사학rhetoric에서부터 출발한다. 전통적으로 그리스 수사학이란 '사람들 앞에서 말을 잘하는 기술'이며 '수사'는 '말辭을 꾸미는修 법'이란 뜻이다. 아리스토텔레스는 수사를 '실용적인 설득의 기술'이라고 정의하며 '로고스, 파토스, 에토스'로 구분했다. 상대방을 설득하는 궁극적인 소통 기술을 발휘하기 위해서는 이성적인 논리인 로고스logos와 청중의 감정 이입과 욕망인 파토스pathos, 그리고 화자의 인격과 윤리성인 에토스ethos를 고려해야 한다는 것이다. 언어철학자인 폴 그라이스Herbert Paul Grice가 주장한 협동의 원리 이론에 따르면 대화를 올바르게 이끌어 가기 위하여 '대화의 격률Gricean maxims'이 존재한다. 자연스러운 대화가 이루어질 수 있도록 지켜져야 하는 네 가지 대전제로 질의 격률Maxim of Quality, 양의 격률Maxim of Quantity, 관련성의 격률Maxim of Relevance, 방법의 격률Maxim of Manner이다. 대화는 진실만을 말해야 하고, 그 목적에 맞게 적절한 정보의 양을 제공해야 하며, 대화가 이루어지는 상황에 맞게 주제가 서로 관련성을 가지고 있어야 하며, 또한 주제의 내용은 분명하고 명확하게 전달되어야 한다는 것이다. 대화법은 언어철학이나 화용론 분야에서뿐만 아니라 비지니스, 정책, 교육 등의 분야에서도 중요하게 다루어진다.

  우리 사회는 지난 1990년대 후반부터 의사소통의 매체가 온라인으로 바뀌게 되었다. 자신의 생각을 인터넷이라는 매체를 통해 표현하게 되었다. 2020년 전 세계적으로 유행하게 된 COVID-19의 영향으로 비대면이 일상이 된 시기를 살아가고 있다. 의사소통의 매체가 온라인으로 변화하고, 스마트폰이 대중화됨과 동시에 COVID-19로 인해 비대면 환경에서의 의사소통이 수많은 분야로 확장되고 지속되면서 대화법에서도 급진적인 변화를 가져오게 되었다. 이미 2020년 12월에는 스캐터랩이 AI 챗봇 '이루다' 서비스를 시작하였고, 2021년 4월 AI 챗봇 '이루다'가 성희롱 표현 및 혐오 표현을 사용한 것이 사회적 화두가 되었다. AI 챗봇이 문제가 되는 발언을 하는 사례는 '이루다' 사건 이전에도 찾아볼 수 있지만, 'COVID-19'로 인해 웹상에서의 의사소통이 이 더욱 활발해진 시기이기에 더 큰 주목을 받았다. AI가 학습한 데이터를 필터링하는 과정을 제대로 거치지 않고 그대로 사용한 것이 문제점으로 지적되었다. '이루다' 사건을 계기로 AI 윤리가 사회의 큰 이슈로 자리 잡게 되면서 AI 챗봇 서비스 '이루다'는 성차별 표현이나 혐오 표현, 개인정보 유출 등의 문제로 결국 서비스를 종료하게 되었다. 이와 관련된 사회적 파장은 일파만파로 번지게 되었고, IT 업계는 긴장하지 않을 수 없게 되었다. 다시 말해서, '이루다' 사태로 인해 AI 학습데이터 정보에 대한 규제, 데이터의 편향성 문제, 혐오 표현 문제 등 AI 윤리의 중요성에 대한 반향이 일기 시작하였다.

인간과의 소통을 전제로 하는 AI 챗봇은 성차별 표현과 혐오 표현 등이 만연한 데이터를 학습한 결과, 결국 올바르지 못한 대화를 무분별하게 산출하게 된다. 아마도 사람과 사람들과의 대화에서는 차마 입에 올리지 못할 비윤리 표현들이 인터넷상이나 AI 챗봇에서는 너무나도 쉽게 표출된다. 이는 인터넷 공간이 불특정 다수로 이루어질 뿐만 아니라 익명성이 보장된다는 점에서, 또한 인간의 잠재된 폭력성과 비인간성이 가세하여 나타나는 현상으로 볼 수 있다. 인터넷 매체가 의사소통의 일반적인 방식이 된 오늘날 이제 우리는 새로운 대화의 기술이나 방식을 모색해야 한다.

현대 사회는 남녀노소 누구나 인터넷을 통해 정보를 얻을 뿐만 아니라 불특정 다수와 소통한다. 특히 누리소통망SNS 등을 통해 개인의 삶을 공유하기도 한다. 누리소통망SNS은 웹상에서 불특정 다수의 이용자(혹은 사용자)들에게 자유로운 의사소통, 정보 공유, 친교 활동 등 사회적 관계를 생성하고 강화해 주는 네트워크의 하나이다. 미래의 누리소통망SNS은 다자성, 참여성, 개방성, 공유성, 공동체적 성격이 강화되면서 개인 맞춤 강화, 자동화된 상호작용, 뉴스와 소통 창구, 오감 인식, 시공간 제한 없는 서비스, 커머스 연계 등을 구현하고 실현하는 방향으로 흘러가고 있다.[9] 불특정 다수와 올바른 소통을 위해서는 그 대화의 형태도 기존의 방식과는 달라지는 것은 너무나도 당연한 일이다. 스마트폰의 문자로 의사소통을 빨리하기 위해서 줄임말을 사용하거나, 두자어만을 사용하는 등의 언어 사용 방식의 변화는 매체의 변화와도 무관하지 않다. 웹상에서 불특정 다수와 소통을 할 때에는 익명성이 보장되므로 의도적이든 비의도적이든 비윤리적인 문장을 드러내기 쉽다. 어린아이들이라 하더라도 예외는 아니며, 이러한 비윤리적 대화는 불특정 다수에게 무분별하게 노출된다는 점에서도 문제시될 수 있다. 제2의 '이루다'를 만들지 않기 위해서라도 웹상의 의사소통에서 지켜야 할 대화의 격률이 마련되어야 한다.

인터넷상의 대화가 위험이 크다고 해서 무조건 막는 것은 올

---

9   실제로 퓨처스 휠(Futures Wheel)로 예측한 소셜미디어(SNS)의 미래가 예측되고 있다(안종배, 2021: 178)

바르지 않다. 누리소통망SNS은 개개인이 경험한 세계와 일상을 더욱 더 적극적으로 공유하게 만들었으며, 온라인 커뮤니티를 더욱 공고하게 하였을 뿐만 아니라 활성화시키는 역할을 해오고 있다. 온라인에서 인터넷을 통해 정보를 수집하고, 자신의 일상을 누리소통망SNS을 통해 실시간으로 공유하며, 세상 도처에 있는 다양한 사람들과 소통한다. 이처럼 오프라인 중심의 소통 방식에서 온라인 중심의 소통 방식으로 바뀌면서 '디지털 시민성'이 요구되고 있다.

디지털 시민성이란 '디지털 혁명의 시대에 시민들이 더 책임감 있고 역동적으로 참여할 수 있는 역량'이다. 디지털 시민성은 미디어를 활용한 소통을 포함한다는 점에서 '일반 시민성'과 차이가 있다. 따라서 디지털 시민성은 시민 교육뿐 아니라 학생 교육에도 시사하는 바가 크다. 가상 공간은 실제 세계보다 대중적 파급력이 강하므로 지속적인 실천적 교육이 이루어져야 한다.[10] 스마트 기기, 디지털 매체를 무조건 제한하기보다는 제대로 활용할 수 있는 방안이 마련되어야 한다. 디지털 시민성은 초·중등 교육과정에서부터 중요하게 다루어져야 하며 가상 공간에서의 원활한 소통을 위한 대화법, AI와의 적절한 대화법 등과 관련된 교육이 실제 교육현장에서 이루어져야 한다. 이러한 교육을 통해서 온라인과 오프라

---

10 이주호, 정제영, 정영식, 2021, AI 교육 혁명, 156쪽, 시원북스

인에서 올바른 대화법을 습득하고, 나아가서 우리는 자유로운 소통을 통해 상상력과 경험을 함께 공유해 나갈 수 있을 것이다.

디지털 시민성과는 다른 측면에서 AI 시민성에 대한 논의와 필요성이 제기되기도 하였다. 2019년 EU에서 발표된 내용에 따르면 믿을 만한trustworthy AI, 책임있는responsible AI, 설명 가능한 explainable AI 등이 핵심 논의로 제기되었다. AI에 관한 국제사회적 관심과 미래 사회 변화에 대처하기 위해서도 AI 역량을 기반으로 한 AI 시민성 교육도 필요하게 되었다.[11] AI 시민성 교육은 AI 중심 시대에 인문학적 성찰을 바탕으로 미래를 예측하고 대비하는 역량을 키우도록 마련되어야 한다. AI 시대의 미래 사회의 모습을 예측하고 문제를 발견하면서 AI를 활용하는 융복합적이고 창의적인 문제 해결 능력을 함양하도록 교육해야 한다. AI 시민성 교육은 인간과 AI가 협응하면서 AI 시스템에서 인간의 자율성이 존중되도록 그 시스템과 관리 방안, AI 시스템이 인간에게 미칠 수 있는 부정성을 예방하고 AI 기술에 대한 책임성과 설명가능성을 묻고 실현하기 위한 제도적인 보장이 마련되어야 한다.

AI 시민성을 갖추어 AI와 대화를 하려면 AI 대화의 기술을 터득해야 한다. 1인 가구가 늘어나고 혼자 있는 시간이 많은 사람들에게 AI 챗봇은 대화의 좋은 상대일 뿐만 아니라 어쩌면 정서적인

---

11 변순용, 2020, AI 시민성 교육에 대한 시론, 초등도덕교육 67, 427-445쪽

부분까지 채워질 수 있는 로봇이 된다. 실제로 영화 HER에서는 영화 속 주인공이 AI와 사랑에 빠지게 된다. AI를 사람으로 간주하며 애착을 가지게 되면 많은 혼란을 일으키게 된다. AI와 어떠한 상호작용을 할 것인가 매우 중요한 이슈가 된다. 사람과의 관계성이 깊어지게 되다 보면 사람과 공존하기 위한 AI는 어떻게 만들어져야 하는지 설계를 하는 인간이 이에 대한 해답을 가지고 있는 것이다. AI를 인간과 동일시해도 문제가 생기겠지만, AI가 기계라 하여 함부로 말을 던지거나 하면 제2의 이루다 사태가 발생할 수도 있다. 디지털 환경에서 AI와 대화하는 데에 나타나는 비윤리 표현에 대해서 더는 간과해서는 안 된다는 결론에 이르게 되었다. AI 학습 데이터 구축 단계에서부터도 비윤리적 표현을 탐지하고 걸러내는 작업이 필요하고 검증을 통해 신뢰할 수 있는 AI를 마련해야 한다.

AI 시민성을 발휘하여 올바르게 AI와 대화하기 위해서는 AI 교육에서 이러한 역량을 키워주어야 한다. 먼저 비대면 수업과 같은 온라인 환경에서 어떻게 소통하는 법부터 차근차근 교육해야 한다. 교실 환경과는 달리 온라인으로 이루어지는 수업에서는 수업을 들으면서도 실시간으로 채팅을 할 수 있고 수업 시간의 내용을 복사하여 배포할 수 있다. 학습자의 나이가 어릴수록 이러한 행동이 문제가 되는지 미처 모르고 저지르는 경우가 많다. 온라인이라는 편리성, 신속성, 실시간성 등으로 컴퓨터 버튼을 누르고 즉각적으로 반응하는 작은 하나하나가 윤리적인지, 적절한 대화인지 꼼꼼하게 따져보아야 할 것이다. 뿐만 아니라 온라인 수업 환경은 사용자가 의도적이든 비의도적이든 간에 일방적으로 나가기 쉬울뿐더러 교실 환경과 같은 원칙과 규율 등이 잘 지켜지지 않는 경우가 많다. 이런 경우에 교사 1인이 여러 명의 아이들의 온라인 개별 환경을 모두 통제하는 것은 거의 불가능하다. 따라서 AI 시민성을 기르기 위해서도 교육과정에서 이러한 온라인 수업에서의 윤리, 태도, 대화법 등을 가르쳐야 할 것이다. 학교에서 배우지 않은 것은 스스로 깨우치기 어렵고 성인이 되어서까지 올바른 댓글 문화로 이어지지 않는다는 점을 감안할 때 영·유아 시기부터 단계별로 디지털 환경에서의 사람과의 대화법, 인간과 AI와의 대화법 등을 강조해서 교수학습해야 한다. 물론 가정에서도 아이들이 올바른 대화를 할 수 있도록 꾸준히 관찰하고 함께 실천해 나가야 할 것이다. 이러한 AI 대화법은 국어 교과의 화법, 작문, 언어와 매체 등에 연계하여 교수학습할 수 있고 도덕, 윤리 과목에서도 AI 윤리의 세부 항목으로 AI 대화법을 다룰 수 있다. 나아가 특수 교육 분야에도 AI 대화법이 적용될 수 있다. 선천적으로 어려움이 있거나 후천적으로 발화에 장애가 있는 모든 경우에 AI를 활용하여 정확하고 자연스러운 대화를 할 수 있도록 AI 대화법을 활용할 수 있다.

　올바른 댓글 문화, 클린봇을 통하여 비윤리적 표현을 탐지하는 방법 등 체험 위주의 활동으로 AI 대화법을 가르치고 성인이 되어서도 다양한 맥락에서 적절한 AI 대화법을 실천해 나가도록 평생교육의 시스템으로 마련해야 한다.

　우리는 AI에게 계산, 추론, 지식, 분류, 예측뿐만 아니라 법, 인격, 정서, 감정까지를 부여해야 하는 시점에 놓여있다. 인간이 중심이 되어 AI와 공존하며 AI와 의사소통을 하며 생각과 감정을 올바르게 나누기 위해서 AI 대화법은 매우 중요한 역량이 된다. 인간이 AI를 어떻게 활용할 것인지, AI를 학습하는 데이터를 만드는 주체는 결국 인간이기 때문에 AI 시대가 도래할수록 인문학적 성찰을 하지 않으면 안 된다는 것이다.

5
PIE를 이용한 감사교육

PIE_{Photo in Education}는 한마디로 '사진 활용 교육'이란 의미이다. 미국 듀크대학 다큐멘터리연구소_{The Center for Documentary Studies, CDS}가 1991년 사진작가이자 교육자인 웬디 이월드_{Wendy Ewald}를 초청해 만든 교육 프로그램으로 노스캐롤라이나주 더럼_{Durham} 시내 초등학교 아이들에게 사진과 글쓰기를 가르친 것이 사진교육의 시작이다.[12]

이런 사진교육을 학교 현장에서 인성교육프로그램으로 적용한 사례를 소개해 본다. 사진을 통한 자유로운 표현과 독자적인 글쓰기가 반드시 아이들의 삶에 긍정적인 변화를 가져다줄 것이라는 신념으로 진행된 이 프로젝트는 학교뿐만 아니라 가정에서도 함

---

12 정경열, 2009, 감성과 논리력을 키워주는 사진교육 PIE, 웅진리빙하우스

께할 수 있어서 그 의미가 크다.

'C초등학교'에서는 여러 인성 덕목 중 '감사'로 주제를 설정하였고 '사진을 활용한 감사앨범 만들기'라는 1년 동안의 장기프로젝트로 시작하였다. 학생들에게 행복감을 증진시키고 주변 사람들과 공감하는 능력을 향상시켜 행복한 나, 행복한 가정, 행복한 학교를 만들 수 있도록 한다는 것이다.

'감사앨범 만들기' 교육은 크게 두 단계로 나눌 수 있다. 먼저 교사는 아이들이 생활 속에서 그냥 지나쳤던 것에 대하여 감사한 점을 찾고 스마트 기기나 사진기를 활용하여 주위 사물을 사진으로 촬영하며 다양한 관점을 가질 수 있도록 한다. 그다음 각 학년에서 준비한 감사앨범 양식에 사진을 붙이고 감사한 느낌을 적어 보도록 하고, 아이들이 감사앨범을 공유하면서 서로 의견을 나누고 발견하지 못한 관점을 보고 배울 수 있도록 한다.

사진을 활용해서 감사앨범을 만드는 일은 모바일 기기에 대하여 관심이 많은 아이들에게는 흥미를 준다. 또한, 학생들이 주위 관심을 갖게 하고 미처 생각하지 못했던 사물에 대해 호기심을 갖으며 관점을 넓히는 계기를 만들어 준다.

이미지를 단순히 '보는 것'에 그치지 않고 텍스트로서 '읽는 능력'을 기른다는 것, 시각 이미지와 문서 이미지를 연결시키는 능력은 학습의 주요 요소이며, 특히 현대 사회에서는 필수적인 능력이다. 또한, 형상화된 이미지가 글쓰기에 도움이 되는 것은 실제로 학생들 스스로 느낄 수 있는 과정이었다.

사진을 찍기 전에는 모호하고 막연했던 '감사'라는 개념이 사진을 찍으면서 정리가 되고 논리적으로 말할 수 있게 되는 것이다. 또한 사진과 글의 핵심 논지를 정확하게 연결시키는 능력을 자연스럽게 향상시킬 수 있었다.

다음은 학생들에게 1년 동안 '감사앨범 만들기'를 하면서 변화된 자신의 모습과 소감을 인터뷰한 내용이다.

- 긍정적인 태도로 다른 사람을 대한다.
- 불평불만이나 부정적인 생각이 줄었으며 항상 감사한 생각이 든다.
- 감사할 거리가 많이 생겼다. (예전에는 감사하지 않았던 것을 감사하게 되었다)
- 봉사를 열심히 할 수 있는 마음이 생겼다.
- 친구들과 사이가 많이 좋아지게 되었다.
- 화를 내거나 짜증내는 일이 많이 줄었다.
- 매일 매일이 행복하다.
- 작은 것 하나에도 감사하는 마음이 생기게 되었다.
- 나 자신이 소중한 사람임을 깨닫게 되었다.
- 가족들이 화목해지게 되었다.
- 사진은 나 자신을 돌아보는 거울처럼 느껴진다.
- 당연하게 생각되던 일상들이 모두 감사한 것임을 깨닫게 되었다.
- 짜증나고 귀찮다는 생각이 많이 줄어들었다.
- 의사표현 능력이 향상되었다.
- 일상 속에서 감사거리를 찾는 일이 재미있어졌다
- 긍정적인 마인드를 갖게 되었고 긍정적인 삶을 갖게 되었다.
- 하루하루가 즐거워졌고 감사를 찾는 것이 재미있어졌다.
- 감사한 일을 되돌아볼 수 있어서 좋다
- 화가 나도 참게 되었다. 화를 덜 내게 되었다.
- 삶에 감사할 것이 많다는 것을 느끼게 되었다.

[감사앨범 활동 후 학생 소감]

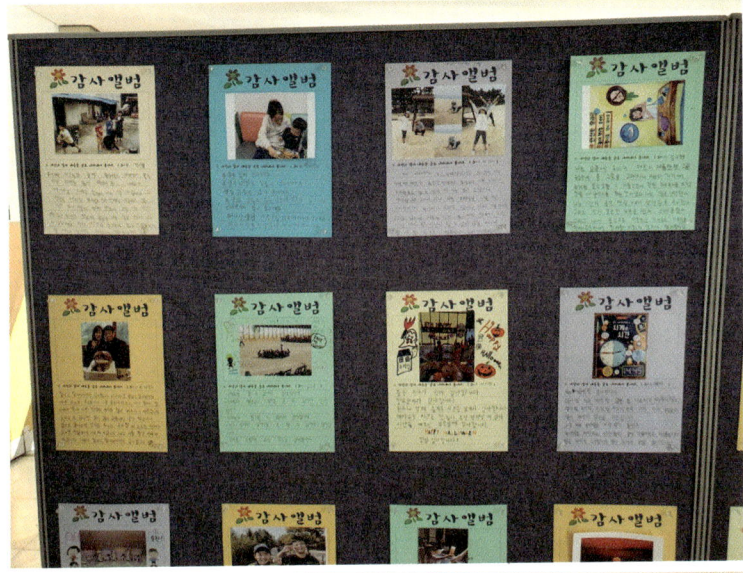

[감사앨범 학생 작품]

PIE를 이용한 감사교육은 자신감, 표현력, 사고력은 물론 인성교육까지 다양한 교육적 성과를 낼 수 있었던 교육프로그램이다. 'C초등학교'에서 2014년부터 진행해온 'PIE를 이용한 감사교육'은 시대 변화에 맞게 'AI시대의 감사교육'으로 변화 발전시켜 다

음과 같은 플랫폼을 이용할 수 있다.

https://www.myheritage.co.kr/deep-nostalgia

'노스텔지어'는 사진을 움직이도록 하는 AI 플랫폼이다. 사진에 역동성을 주는데 이러한 역동성은 학생들이 감사를 일상에서 실천하도록 이끌어준다.

다음으로 'DallE'라는 플랫폼이다.

https://openai.com/blog/dall-e/

이미지와 문장을 통합적으로 연결하는 AI 플랫폼인 DallE는 시각장애인을 위한 도구로 개발되었다.

또한 '대한민국인성영화제(Korea Human Nature Film Festival)'를 참고할 수 있다.

http://www.insungfilm.org.

대한민국 인성영화제이다. 감사사진을 동영상으로 제작하여 인성교육동영상 제작에 참여해 볼 수 있다.

그리고 벨로(VLLO, Vlog editor and Video Maker)라는 플랫폼을 활용해 볼 수 있다.

https://ko.vllo.io

스마트폰에 있는 모든 영상들을 컷 편집, 자막, 음악, 트랜지션, 모자이크, 필터 등 편집에 필요한 모든 관련 기능이 어플리케이션으로 제공되어 있다.

최근 증강현실Augmented Reality, AR로 사용자 눈에 보이는 현실 세계에 가상의 물체(그래픽)를 겹쳐서 보여주는 기술을 활용하여, 그림책에 심어진 QR을 스마트 기기로 인식하면 증강현실 콘텐츠가 3D 화면으로 되살아나고 소리까지 구현되는 기능이 있다. 세계 최초 증강현실 책이 2010년 영국 아동도서 전문출판사 칼튼북스Carlton Books, 〈공룡이 살아있다Dinosaurs Alive〉에서 출간되기도 했다. 학생들이 증강현실을 구현할 때, 공룡과 함께 사진을 찍고 문자, 메일 등 연동하도록 설정되어 있는데 상호작용을 하도록 구성되어 있다. 앞으로 이런 기술들을 교육 현장에 활용된다면 다양한 전시회나 이벤트를 연출할 수 있을 것이다.

마지막으로 2014부터 꾸준히 실시한 학생들의 감사교육 자료들을 빅데이터로 활용하여 학습 평가 및 각종 예측이 가능한 자료로 재탄생 될 수 있다. 데이터에 근거하여 실시한 모니터링을 통한 분석, 학생들의 감사에 대한 의식 변화 등 다양한 교육 자료로 활용될 수 있다.

4장

AI 콘텐츠로서의 꿀팁

1
AI 교과 연계 활동

 이 장에서는 AI 콘텐츠를 다양한 교과에서 연계하여 활용할 수 있는 사이트를 소개한다.[1] AI 콘텐츠는 인간과 기계가 협업하여 새로운 창작물을 산출하거나 학습 활용에 도움을 줄 수 있다. 누구든지 인터넷 환경에서는 자유롭게 활용할 수 있으므로 교실에서 보조 도구로 활용하거나 가정 학습, 또는 창의적 활동 등에서 두루 활용할 수 있다.

 2018년 10월 미국 몬투어Montour 교육청 최초의 AI 학교 교육 프로그램을 시작하였다. AI 윤리, AI 자율 로봇, AI 음악, AI 컴퓨

---

1 공민수·신창훈, 2021, 세상에서 가장 쉬운 AI 앱 수업, 리틀에이에서 소개된 애플리케이션의 일부 내용을 참고함.

터 과학 등 분야에서 AI 활용 수업을 통해 교육혁신을 이루어냈다.[2] 교사들은 데이터 활용 도구에 능숙하며 음성 보조 장치와 같은 AI 관련 리소스를 자신의 교과에 접목하여 교육 내용으로 재구성하였다. MIT와 교육청이 협력하여 학교에서 AI 교육과정을 도입하였다.

AI 도구는 무궁무진하지만 그만큼 빨리 변한다. 다양한 AI 도구는 학습자의 관심과 학습 역량에 따라 다르게 적용될 수 있고 AI 콘텐츠로 확장될 수 있다. 몇 가지 유용한 AI 콘텐츠를 소개하고자 한다. 교육 영상 콘텐츠, 체험 활동 콘텐츠, 창의 활동 콘텐츠 등 다양하다.

---

2 AI 윤리 교육 (https://www.gettingsmart.com)
AI 작곡가, 연주자, 제작자, AMPER AI MUSIC (https://www.ampermisic.com)
수학 학습 튜터(KnowRE, Protomath)

2
EBS 교육 영상

EBS 교육 영상은 교육부와 공조하여 온라인 클래스 서비스를 제공하고 있다. 인공지능 기반 영어교육으로 EBS 'AI 펭톡'이 대표적이다. 교육부 고시 초등영어 성취기준과 일상생활에서 자주 사용하는 영어 표현, 읽기, 말하기, 듣기까지 영어를 게임처럼 접할 수 있다. AI가 영어 발음 평가와 단어, 문장, 대화, 표현, 유창성 등 영어 말하기 실력도 알려준다.

EBS 소프트웨어 교육 플랫폼인 '이솦'을 소개한다. 이솦은 EBS 소프트웨어 교육 플랫폼EBS Software Learning Platform의 약자로 SW에 관심 있는 누구나 시간과 장소에 구애받지 않고 수준별 맞춤형 자기주도 학습을 할 수 있도록 지원하는 전 국민 무료 SW교육 온라인

AI 펭톡

(출처: https://pengtalk-student.ebse.co.kr/)

플랫폼이다. 디지털 세상에서 학습 동기를 부여하고 다양한 지식과 경험을 나눌 수 있는 플랫폼이다. AI 관련 동영상도 학습 시리즈로 제공하고 있고 수학, 과학, 정보 분야에도 적용되는 다양한 콘텐츠가 있다. 게임 활동을 통해 학습자의 흥미를 유발하고 재미를 더할 수 있다는 데에서도 유용하다.

(출처: https://www.ebssw.kr/)

3
유튜브

　디지털 네이티브 학생들은 유튜브Youtube를 수시로 활용하고 유튜브 크리에이터가 되고 싶어하기도 한다. 어른들의 시선에서는 유튜브에 몰입해 있는 아이들이 염려스럽기만 한데 무조건 막는다고 해서 되는 문제일까? 시대적인 변화를 고려하여 '아이스크림 홈런'에서는 초등학생을 대상으로 유튜브 관련 설문조사를 진행했다. 초등학생 유튜브 시청 시간, 가장 좋아하는 크리에이터, 유튜브 보는 이유, 어떤 영상을 보고 있는지 등을 조사한 결과이다. 2019년 조사 결과인데 대체로 70% 이상의 초등학생들은 유튜브를 즐겨 보는 것으로 나타났다. '매일 본다'가 '32%', '일주일에 3번 이상'이 '21%', '일주일에 1~2번'이 '21%', '한 달에 1~2

유튜브 보는 이유

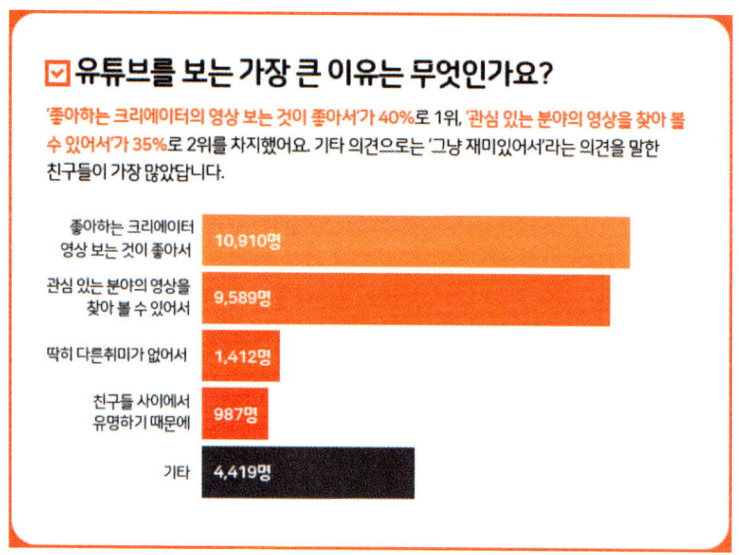

(출처: 아이스크림 홈런 초등학생 유튜브 시청시간과 가장 좋아하는 유튜브: 네이버블로그)

번'이 '13%', '전혀 보지 않는다'가 '13%'로 나타났다. COVID-19가 장기화되고 있는 지금의 현실을 반영하면 70%보다 훨씬 더 많아졌을 것으로 예측해 볼 수 있다. 어린이들이 가장 좋아하는 크리에이터 1위는 '마이린TV'이며 인기 크리에이터 1위는 '도티TV'로 나타났다. 그렇다면 아이들은 왜 유튜브를 즐겨 보는 것일까? 다음과 같은 이유로 나타났다.

이러한 결과에서도 알 수 있듯이, 가장 높은 이유는 '좋아하는 크리에이터 영상이 좋아서'이다. 두 번째로 나타나는 '관심 있는 분야의 영상을 찾아볼 수 있어서'에서도 보듯이, 유튜브는 자신이 좋아하고 흥미로운 콘텐츠들이 많이 나타나기 때문이라는 것이다. 주로 아이들이 좋아하는 유튜브 영상 분야로는 게임 방법/게임 소개가 1위로, 장난감 소개, 놀이 소개가 2위로 개그/웃긴 영상이 3위, 댄스/음악이 4위, 브이로그(일상 영상)이 5위, 먹방이 6위, 공부법/학습 관련이 7위, 뷰티/화장이 8위로 나타났다. 아이들은 게임과 놀이, 재미와 흥미를 위한 콘텐츠를 많이 찾아본다는 것을 알 수 있다. 그렇다면 공부도 이와 관련된 콘텐츠로 만든다면 더 즐겁게 공부할 수 있을 것이다.

COVID-19로 개학이 미뤄져 가정에 머물게 되는 아이들을 위해 경남교육청에서는 개학 전 초등학생 자녀를 위한 교육 관련 유튜브 채널을 소개하기도 했다. 교육청에서까지 교육 관련 유튜브이긴 하지만 추천을 한 것을 볼 때, 유튜브가 시간 소모가 많고 공부에 방해되니 보지 말라는 방식은 더 이상 유효하지 않다는 것을 반증하기도 한다. 경남교육청에서 제시한 교육 관련 유튜브를 일부 참고하여 교육에 도움이 되는 유튜브 채널을 제시하면 다음과 같다.

1) 미술 및 영어 교육: Art for Kids Hub
   https://www.youtube.com/user/ArtforKidsHub

2) 한글, 영어, 숫자 교육: 핫슨키즈티비
   https://www.youtube.com/channel/UC8N8Kq2O7YcvF9C0nZuPT-Q

3) 지니스쿨 역사 GiniSchool History
   https://www.youtube.com/channel/UCvkLnjWQIntS0pnreTEfP_g

4) 일반 상식, 과학 교육: 은근한 잡다한 지식
   https://www.youtube.com/channel/UCifXwtIk4JtAzzAGNeeM91A

5) 과학 교육: 안될과학
   https://www.youtube.com/channel/UCMc4EmuDxnHPc6pgGW-QWvQ

6) 애니메이션 & 영어 교육: 무비콘 애니
   https://www.youtube.com/channel/UCEVI45za5i1hS8jA-mGR66A

7) 장난감을 이용한 체험교육: 유라야놀자(Let's play YURA)
   https://www.youtube.com/channel/UCx8IhwapX8E7uooFYJIeVZw/featured

8) 미술 및 영어 교육: Art for Kids Hub
   https://www.youtube.com/user/ArtforKidsHub

9) 한글, 영어, 숫자 교육: 핫슨키즈티비
   https://www.youtube.com/channel/UC8N8Kq2O7YcvF9C0nZuPT-Q

10) 지니스쿨 역사 GiniSchool History
    https://www.youtube.com/channel/UCvkLnjWQIntS0pnreTEfP_g

11) 일반 상식, 과학 교육: 은근한 잡다한 지식
    https://www.youtube.com/channel/UCifXwtIk4JtAzzAGNeeM91A

12) 과학 교육: 안될과학
    https://www.youtube.com/channel/UCMc4EmuDxnHPc6pgGW-QWvQ

13) 애니메이션 & 영어 교육: 무비콘 애니
    https://www.youtube.com/channel/UCEVI45za5i1hS8jA-mGR66A

14) 장난감을 이용한 체험교육: 유라야놀자(Let's play YURA)
    https://www.youtube.com/channel/UCx8IhwapX8E7uooFYJIeVZw/featured

(교육용 유튜브 채널 목록)

유튜브가 2005년 처음 등장한 이래로 인터넷 사용자의 약 1/3(10억 명 이상)이 사용하고 있고 유튜브는 교육 콘텐츠로도 전 세계적으로 성장하게 되었다. COVID-19가 장기화되면서 교사와 교수가 강의를 업로드하고 온라인 수업을 진행하는 한편, Pew Research 연구에 따르면 유튜브 사용자 51%가 새로운 것을 배우기 위해 유튜브 동영상을 시청한다고 밝혔다. 2021년에 상위 12개의 교육용 유튜브 채널이 공개되기도 하였는데,[3] 이제 아이들이 유튜브로 공부한다는 것은 너무나도 당연한 사실이 되어 버린지도 모른다. 1위는 Khan Academy이고 2위는 에듀토피아이다. 3위는 앨리스 킬러, 4위는 TED-에드, 5위는 더 스마트한 일상Smarter Every Day, 6위는 상식 교육, 7위는 교육학 숭배, 8위는 문자 교실, 9위는 SXSW 교육, 10위는 큰 생각Big Think, 11위는 WeAreTeachers 12위는 이스테ISTE이다. 대체로 이러한 사이트는 미국의 교육 현장에서 사용되고 있으며 학생과 교사, 교육 활동과 관련된 콘텐츠를 제공하고 있다.

우리나라 초등학생이나 초등 교육에 유용한 정보를 주는 유튜브를 몇 가지 소개하면 다음과 같다.

첫째, 사물궁이라는 채널이다. 사소하지만 궁금했던 긍긍했던 이야기에 대해 다양한 콘텐츠를 다루고 있다. 2020년 9월에는

---

[3] https://www.affde.com/ko/top-edtech-youtubers-and-channels.html

'사소해서 물어보지 못했던 궁금했던 이야기'라는 책으로 출간되어 있다.

(출처: https://www.youtube.com/channel/UC7F6UDq3gykPZHWRhrj_BDw)

둘째, 설쌤TV 채널이다. 인문, 역사 이야기를 설쌤의 재미있는 입담으로 흥미롭게 풀어내고 있다. 한국사에 대한 지식을 넓힐 수 있는 유튜브 채널이다.

(출처: https://www.youtube.com/c/seolssaemTV/featured)

셋째, EBS Culture & Life이다. 다양한 인문사회 교양 콘텐츠를 수록하고 있어 부모와 아이, 선생님과 학생이 함께 보며 토론을 하기에도 좋은 채널이다.

(출처: https://www.youtube.com/c/EBSCulture)

넷째, 책그림 채널이다. 다양한 책을 읽을 시간이 없는 현재의 아이들에게 다양하고도 여러 분야의 책을 요약하여 짧은 영상으로 제시하고 있다. 주제를 함께 골라 보면서 아이와 함께 이야기를 하기에 유용하다.

(출처: https://www.youtube.com/c/%EC%B1%85%EA%B7%B8%EB%A6%BC)

이 밖에도 학부모나 예비교사, 초등 학습에 관심이 있는 모든 이들에게 도움이 되는 채널도 있다. 초등 교육에 도움이 되는 채널로 '이은경의 슬기로운 초등생활, 이서윤의 초등생활처방전, 김선호의 초등 사이다, 조작가의 스몰빅클래스, 어디든 학교, 흔한 엄마, 교육 대기자TV' 등이 있다. 유튜브를 아이와 함께 보면서 관련 내용에 대해 함께 이야기해 보고 영상으로 본 것에 대해 텍스트로 표현해 보거나 소감 등을 말해 보게 함으로써 영상 콘텐츠를 학습자의 지식으로 내재화하고 활용할 수 있도록 해주어야 한다.

한편, 유튜브 영상을 정리하고 분석하는 활용도 고려해 볼 수 있다. 요즘 이슈가 되고 있는 사회적 문제나 키워드를 검색, 인기 동영상, 키즈채널, 추천동영상 등을 영상 분석표로 작성하면서 비판적 시각을 위한 활동을 경험할 수 있는 방법을 제안해 보고자

유튜브 채널 CML 기법으로 분석해보기

채널	장르	진행자	내용		특징

생산자
- 영상을 작성한 사람은 누구인가? (직업, 역할)
- 영상을 만들기 위해 무엇을 준비했을까?(내용)
- 생산자는 왜 영상을 만들었을까? (미디어 가치)

구성요소
- 영상의 제목은?
- 영상에 등장하는 것은 무엇인가?
- 영상에 등장하는 것은 어떤 내용을 가지고 있나?
- 영상은 목적에 맞게 작성되었는가?

의미구성
- 영상 제목에서 강조되는 것은?
- 영상에 포함된 사진이나 이미지가 강조하는 내용은 무엇인가?
- 영상의 핵심내용은?
- 영상에서 편견이나 고정관념을 줄 수 있는 내용이 있는가?

이용자
- 누가 이 영상에 관심을 가질 것 같은가?
- 영상을 보면서 채널 운영자에게 전달하고 싶은 말이 있었는가? 댓글을 남긴다면~
- 다른 사람들과 공유하고 싶은가? 누구와 공유하고 싶은 이유와 그렇지 않은 경우는 왜 그런지~

(유튜브 채널 CML기법으로 분석하기 실습지)

한다.4

유튜브 영상 분석 활동은 영상의 생산자, 구성요소, 의미구성, 이용자 4가지로 구분되어 있다. 이 활동지를 통해 유튜브 영상들을 쉽게 분석해 보면서 의미를 생각해 보고, 생산자와 이용자의 입장, 내용의 요소들과 영상이 주는 의미를 가려내 보며 개인도 특별한 준비 없이 리터러시 수업을 적용해 볼 수 있다는 점이 장점이다.

---

4 윤현옥, 2020, 미디어리터러시 교육, 무엇을 가르칠 것인가, 교육정책포럼 320, 한국교육개발원, 교육정책네트워크

활동지는 개인 또는 모둠 활동으로 할 수 있다. 각각 생산자, 구성요소, 의미구성, 이용자를 나누어 분석하기도 하고 하나의 영상을 분석하거나 여러 개의 영상을 분석하여 발표수업으로 진행할 수 있다. 수업 마무리에는 유튜브 분석활동을 한 후 영상을 바라보는 시각에 변화가 있었는지 정리한다.

4
원격수업(줌 + 구글 클래스룸)

줌ZOOM은 휴대폰, PC등 웹 기반을 하고 있는 모든 장치에서 사용 가능하고 참여자의 가입 절차 없이도 교사가 제공하는 회의실 주소와 비밀번호로 간단하게 접속 가능한 장점이 있다. 실시간 쌍방향 화상수업으로 특별한 기능을 습득하지 않아도 모든 교사가 참여 가능하며 학생들과 교감을 실시간으로 할 수 있다. 일방적인 강의가 아닌 쌍방향 수업으로 다양한 교육용 플랫폼을 사용한 스마트 수업이 가능하다. 화면 공유를 통해 발표하기, 구글 프레젠테이션하기, 클래스 카드, 잼보드, 패들렛, 에그퍼즐 등 스마트 수업이 훨씬 수월해진다.

특히 소회의실 모둠 활동도 적절히 사용한다면 다양한 활동을

Zoom을 통한 소회의실 모둠 활동

전개할 수 있다. 위의 활동사진은 소회의실을 활용한 음악회이다. 줌 음악회는 기존 음악 발표회와는 달리 소규모 모둠별 구성원들이 서로의 의견을 모아서 아이디어를 내고, 서로 협업하여 무대를 연출하는 과정을 프로젝트 수업으로 진행한 것이다. 리허설과 녹화도 소회의실에서 이루어진다. 함께 도전하면서 문제를 풀어보는 활동을 통해 지식을 얻고 창의적으로 사고하는 능력을 키울 수 있게 된다.[5]

---

5   이영희, 2021, 온택트 시대의 공부법, 마이북하우스

구글 클래스룸(https://classroom.google.com)은 COVID-19 이래로 여러 학교에서 많이 사용하게 되었다. 자기주도적 학습이 잘 되어 있는 학생들에게 유용한데 이때 교사는 모든 학생들이 온라인 수업에 동기부여를 느끼고 다양한 지식과 체험을 할 수 있게 준비해야 한다. 구글 클래스룸은 여러 도구들과 연결이 되어서 플랫폼을 활용하기에 용이하다. 구글 드라이브, 구글 미트 화상회의를 열게 되고 구글 캘린더에 넣으면 해당 링크가 생성되며 구글 슬라이드, Cloud 도구를 사용한다. 유튜브를 활용하여 영상을 보고 질문을 하고 상호작용하도록 구성할 수 있다. 조별과제나 의견 수합을 문서 공유 방식만 정해서 실시간으로 취합하고 작성할 수 있는 기능 등 효율적인 기능이 많다. 특히 하나의 플랫폼 안에서 검토와 채점이 이루어지기 때문에 체계적으로 관리가 가능하다는 장점이 있다. 수업 카테고리에는 과제, 퀴즈과제, 질문, 자료메뉴가 있으며 기존 게시물을 재사용할 수 있는 기능도 있다. 교사가 구글 클래스룸을 운영하는데 특히 중요한 부분이라면 학습 자료를 만드는 것이라고 할 수 있는데 이 부분은 구글 드라이브에서 대부분 해결할 수 있다. 무료 LMS Learning Management System, 구글클래스룸은 종이 없는 세상과 온라인 협업을 꿈꾸는 것 같다.

"구글리 Googley 하게 아이들을 가르쳐라"

여기서 '구글리'하다는 것은 다른 동료와 함께 일하며, 언제나

서로 돕고 수평적인 근무 환경을 즐기고 과거에 집착하지 않는 창의적인 사람을 뜻하는 신조어이다. 이 말은 EN 에듀인뉴스, 정성윤 대구 심인고 교사 인터뷰 내용이다. 교육용 LMS 허브로 구글클래스룸을 쓰는 이유는 바로 환경 구축의 용이성과 사용성, 자료조사, 학생참여활동, 결과물 연계, 협업 공유 등에서 온라인상 타의 추종을 불허할 정도로 매우 뛰어난 강점을 갖고 있기 때문이다.[6]

구글에서 인증하는 교육자, GCE는 무엇일까? 구글에서는 구글의 플랫폼을 이용하여 교실에서 혁신적인 수업을 진행하는 교육자들에게 인증서를 발급하고 있다. 이를 구글공인인증교육자Google Certified Educator: GCE라 하고 과정은 크게 수준1GCE level 1, 수준2GCE level 2로 분류한다.

구글 클래스룸의 가장 큰 장점은 유튜브를 이용한 동영상 강의 편집과 업로드는 물론 다른 학습관리(LMS)에서도 구글 도구는 사용할 수 있다는 점이다. 구글지도를 활용한 지리교육, 구글 아트앤드 컬처와 구글 뮤직랩을 활용한 예술 교육까지, 개인마다 또는 수업별로 다양한 융합 교육을 특색 있게 진행시킬 수 있다.

최근 OCU(한국열린사이버대학교) 평생교육원에서도 구글 기초교육 과정과 더불어 '구글공인교육자' 레벨1과 레벨2에 대한 교육을 진행하고 있다. 구글 플랫폼을 제대로 이해하고 운영할 수 있

---

6 한치원, EN에듀인뉴스, 정성윤의 미국 EDU 기행(2019.03.04.)

으며 클라우드 기반 컴퓨팅 역량 및 협업과 디지털 리터러시가 뛰어난 인재를 양성하는 프로그램이다. 구글 클래스룸을 통해서 다채로운 교육과정을 만나는데 구글 플랫폼 안에서 활용되는 다양한 구글 도구나 업무, 연구 및 학습, 교수에 잘 활용할 수 있는 능숙도를 구글공인교육자 인증 시험을 통해 확인한다.[7]

현재 구글에서는 업무 생산성과 교수자 및 학습자의 활발한 상호작용 활성화를 위해 클라우드 기반의 구글 워크스페이스를 제공하고 있다. 이처럼 구글플랫폼을 얼마나 혁신적으로 잘 사용하는가는 미래형 교육 실현에 큰 역량으로 적용될 것으로 예측된다.

1) 구글 클래스 잼보드 사례

잼보드Jamboard는 구글 메인 홈페이지에 접속한 후 우측 상단에 점 9개로 표시된 것을 클릭하면 바로 확인할 수 있다(https://jamboard.google.com/). 붙임쪽지(포스트잇)처럼 생긴 프레임을 만들 수 있고 크기조절 및 이미지 추가도 가능하여 아이디어를 모으고, 발전시키고, 분류하고 정리할 때 다양하게 활용할 수 있다. 그리고 가장 강력한 기능은 '협업'과 '공유'이다. 아래 활동사진은 초등 4학년 사회과 지역별 문화재 또는 위인을 탐색하는 수업 내용이다. 특정 주제에 대해 자유롭게 생각과 자료를 모으면서 동시에

---

[7] 김지훈, 한국강사신문, OCU평생교육원 '구글공인교육자' 비대면 실시간 연수(2021.12.07.)

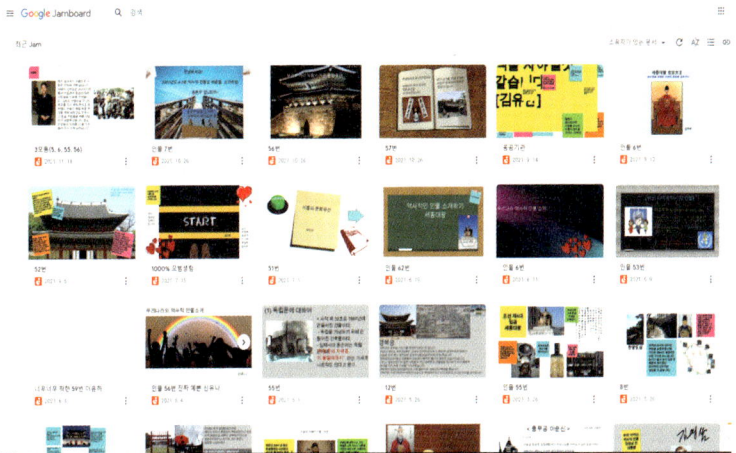

잼보드 수업 활동 사례

시각적인 효과도 누릴 수 있다.

2) 패들렛 사례

패들렛padlet은 구글에서 검색하면 바로 사이트 링크(https://padlet.com/)가 보인다. 간단하게 기본 탬플릿으로 설정하고 사진, URL, 동영상 등도 첨부할 수 있다. 디자인은 크게 중요하지 않다. 아래 사진처럼 메모장들이 쌓이면 잘 안 보이기 때문에 대부분 기본으로 생성되는 이미지를 활용한다. 자신의 학습 결과물들을 실시간으로 선생님과 친구들에게 공유할 수 있는 곳이라고 생각하면 된다. 교사는 학생들의 게시물을 다양한 형식으로 저장할 수

잼보드 수업 활동 사례

있어서 학습 결과물 참고자료로도 활용할 수 있다. 위 잼보드 사진은 초등 4학년 도덕과 '나와 친구의 아름다움'을 칭찬하는 활동 내용이다.

3) 줌ZOOM/구글 미트GOOGLE MEET

이미 많은 학교와 학생들은 AI 시대에 발 빠르게 맞춰 진화하고 있다. 학교에서는 교과 외부 활동을 줌이나 구글 미트를 통해 학습자가 주도적으로 소그룹 활동을 하도록 권장하고 있다.

이미 상당수의 고등학교들은 정규 교과 시간 외에 하는 동아리, 비교과 활동을 화상으로 전환하였다. 대표적으로 자율동아리 활동이 있다(자율동아리 운영 문서 첨부). 기존에 방과후나 주말에 따로

카페나 독서실에서 만나 진행했어야 하는 토론/토의와 같은 간단한 활동들은 줌이나 구글 미트로 진행되고 있다. 카페에서 조원들이 노트북을 펴놓고 둘러앉아 있는 온데간데없고, 구글 문서Google Docs의 공유 기능을 통해 한 문서를 여러 명이, 각자 집에서, 동시에 작업하는 것이 2021년의 조별 과제의 실상이다. 앞으로 이러한 소그룹 활동은 화상회의 플랫폼은 넘어가 메타버스 플랫폼으로까지 확대될 전망이다.

실제로 서울 소재 D외고의 외국어학당 프로그램은 줌과 구글 미트를 적극적으로 활용하고 있다. 선후배 간 친목을 도모하고, 자기주도적 학습을 통해 외국어 실력을 기르는 것을 목표로 하는 어학당은 기존에 대면으로 야간 자율학습 시간에 주로 이루어졌다. 그러나 코로나 이후 모든 활동이 화상으로 전환되면서 학생들은 줌이나 구글 미트를 활용해서 활동하고, 녹화 기능을 사용하여 증빙자료를 제작 및 제출하고 있다. 학생들의 시간을 절약하고 화면 공유 기능 등을 통해 효과적으로 학습할 수 있다는 점에서 그 의의가 있다.

최근 학생들 사이에서 원격 독서실이 트렌드로 자리잡고 있다. 줌이나 구글 미트 방을 만든 뒤, 카메라를 켜놓은 상태에서 공부하는 것이다. 친구들이 공부하는 모습이 훤히 보이기에 굳이 같은 공간을 사용하지 않아도, 더 긴장감 있는 상태에서 학습할 수 있

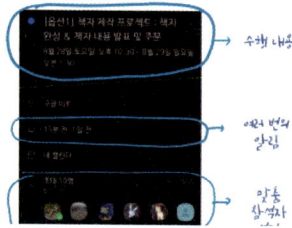

출처: D외고 학생 회장 공약문의 일부

다는 것이 장점이다. 이 덕분에 '줌 독서실' 혹은 '구미(구글 미트의 줄임말)'와 같은 신조어들이 생겨나고 있다.

AI 시대에는 치열한 입시 환경에 놓인 고등학생들에게 맞춤 제작된, 소위 '입시 콘텐츠'들도 늘어나고 있다. 가장 대표적이고 잘 알려진 사례가 '미미미누' 채널이다. 이 채널의 유튜버는 5수를 해 고려대학교 정경대학'에 진학했다. 5수를 하면서 얻은 경험과 입담을 통해 많은 학생들의 고충을 들어주고, 유튜브 알고리즘의 추천을 받아 최근 크게 인기를 얻고 있다. '미미미누'의 대표적인 컨텐츠 중 하나인 '줌 독서실'은 앞서 말한 '원격 독서실' 트렌드를 반영한 것으로, 다양한 학생들의 모습을 담아내어 많은 조회 수를 기록하고 있다.

이미 상당수의 학생들은 구글 드라이브와 구글 캘린더, 그리고 이 외에도 카카오톡 캘린더를 능동적으로 활용하고 있다. 다음은 'D외고'의 학급 회장 선거 공약이다.

이처럼 학생들은 창의적 체험학습, 탐구학습 동아리뿐만 아니라 원격 독서실, 공약 내용 등 학교 안팎의 활동에서 디지털 및 AI 플랫폼을 적극적으로 활용하고 있다. 교사가 직접 나서지 않아도 많은 학생들은 이미 생활과 밀접한 전자기기들을 어떻게 활용할지 고민하여 실천하고 있다. COVID-19가 종식되더라도 앞으로 온라인 환경은 지속될 것으로 본다. 이미 디지털 환경과 AI 플랫폼에 익숙해진 학생들은 AI 콘텐츠로 자신의 학습 역량을 계발하며 더 다양한 형태로 소통하게 될 것이다.

5
메타버스: 게더타운

수업에 활용할 수 있는 메타버스Metaverse 플랫폼으로 게더타운 gather.town을 소개하고자 한다. 교육학자 마크 프렌스키Mark Prensky는 "교육이 맞닥뜨린 가장 큰 문제는 교사가 시대에 뒤처진 디지털 이전의 언어를 가지고 거의 완전한 디지털 언어를 사용하는 이들을 가르치려 한다는 점이다"라고 지적했다. 학생들은 이미 영상, 이미지, 게임, 채팅에 익숙해져 있는데 교사는 텍스트 중심과 지식 전달로 고전적 방식으로 수업을 진행하면 흥미를 잃게 된다. 교육에서 메타버스를 활용하는 장점을 3가지로 제시한다.[8] 첫째, 교육격차를 줄일 수 있다. 메타버스는 시공간의 제약이 없이 아바타로 콘

---

8   변문경, 박찬, 김병석, 이정훈, 2021, 메타버스 For 에듀테크, 다빈치Books, 66-68쪽

게더타운

(출처: https://www.gather.town/)

텐츠에 의존할 수 있는 플랫폼이다. 따라서 자유롭게 교육 메타버스에 정부나 공공기관 주도의 콘텐츠를 탑재하여 개인의 관심사에 따라 서비스하면 교육격차를 해소할 수 있으리라 기대한다. 둘째, 시대적, 사회적 요구에 맞는 인재양성이 가능하다. IT 강국인 대한민국에서 이를 활용하여 메타버스에서 다양한 콘텐츠를 활용한다면 세계 시장으로 뻗어 나가는 K-문화를 전파할 수 있다. 게임, 웹소설, K-무비, K-드라마, K-pop 등 다양한 K-영상 콘텐츠를 만들어 내어 좋은 영향력을 미칠 수 있다. 셋째, 상상력의 발현 측면에서도 효과적이다. 인간은 호기심을 갖고 메타버스에서 끊임없이 새롭고 흥미로운 정보를 제공하며 상상력을 펼치는 공간이 되기 때문이다. 이러한 상상력은 문화로 콘텐츠 자산으로 축적된다.

Latitude 연구에서는 앞으로는 새로운 형태의 스토리텔링이 나타나며 사람들은 그 안에서 소비, 토론, 교육 등을 하게 된다고 전망했다. 교육에 메타버스 플랫폼인 게더타운을 도입할 때 고려해야 할 것으로 4I$_{Immersion, Interactive, Intergrateion, Impact}$가 핵심 포인트다. 다시 말해, 몰입$_{Immersion}$은 내가 직접 세계관 속 주인공이 되어 이야기의 일부가 되어 참여할 수 있는가, 상호작용$_{Interactivity}$은 나의 선택이 이야기의 전개와 방향에 영향을 미칠 수 있는가? 이야기 속 상황들이 나와 소통할 수 있는가, 통합$_{Integration}$은 가상의 현실의 경계를 넘어 각자의 플랫폼이 다른 세계와 통합될 수 있는가, 영향$_{Impact}$은 플레이어로 하여금 의도한 행동을 유발하고 나아가 촉진시킬 수 있는가? 등을 고려해야 한다. AI와 메타버스는 새로운 교육 환경으로 자리잡게 되며 특히 게더타운은 참가자들이 아바타로 움직이면서 화상으로 대화, 채팅이 가능하고 다양한 템플릿을 활용하여 강의, 토론, 컨퍼런스 등을 하기에 유용하다. 메타버스를 활용한 교육은 경험, 문화 공유뿐만 아니라 실감형 실험 및 실습에 이르기까지 더욱 확대될 전망이다.

6
AI 콘텐츠

　AI 콘텐츠는 교육 목적과 학습자의 요구에 따라 다양한 형태로 나타나며 적용해 볼 수 있다. 최근에는 이동성을 고려해 태블릿이나 휴대폰으로 활용할 수 있는 AI 교육 애플리케이션도 많이 나타난다. 여기에서는 자기 주도 학습이 가능하며 수업 때 교과 연계로 활용할 수 있는 AI 콘텐츠를 소개하고자 한다. 국어, 영어, 사회, 음악, 미술과 같은 인문학, 사회학, 예술학 분야의 콘텐츠 위주로 소개하지만, 자연환경, 정보, 특수 교육, 의료 분야로까지 다양하게 융합하여 확장해 볼 수도 있다.

　첫째, AI 콘텐츠로 활용할 수 있는 것은 챗봇이다. 챗봇ChatBot은 'Chatting'과 'Robot'이 결합된 합성어로 채팅 로봇을 말한다. AI

기술과 메신저를 결합한 서비스로 AI 기반 커뮤니케이션 소프트웨어를 통해 문자, 음성 채팅 형태로 사용자가 원하는 정보를 제공하는 대화형 서비스이다. 사람과의 문자 대화를 통해 질문에 알맞은 답이나 각종 연관 정보를 제공하는 AI 기반 커뮤니케이션 도구이다.[9] 채팅 로봇으로는 심심이Simsimi, 라온LAON, 샤오이스Xiaoice, 테이Tay, 엠마Emma, 씨잉Seeing 등이 있다.

학습에 이용할 수 있는 교육용 챗봇은 시공간, 언어적 장벽을 뛰어넘어 AI 기반의 학습이 가능하다. 예를 들어, 브레인리Brainly는 전 세계 학생들이 모여 지식을 공유하고 문제를 해결하는 인공지능 기반 소셜 러닝 플랫폼, 2020년 35개국에서 1억 명 이상의 학생과 전문가가 지식을 공유하고 있다. 미국 미시간대학교 AI를 활용한 E코치, 맞춤형 웹 기반 플랫폼으로 학생들이 강좌 탐색하거나 강사와 상담 없이 강좌 선택을 돕는다. AI 챗봇으로 애리조나주립대학교 학생들의 전공과목 선택을 위해 e-Advisor를 운영하고 있다. 챗봇은 기본적인 질문, 자주 하는 질문에 대한 답변을 제공하기 때문에 실제 교사는 학생의 심리적, 정서적 변화에 집중하여 의미 있는 관계 형성에 집중할 수 있다. 실제로 학생들의 요구에 따라 AI 챗봇 만들기를 수행해 볼 수도 있다. 학습자가 스스로 만든 소프트웨어를 공유하고 다른 사람의 피드백을 통해 발전시

---

9 부산광역시교육청(2019), 인공지능 기반 교육 가이드북, 104쪽, 도서출판 어가

파파고

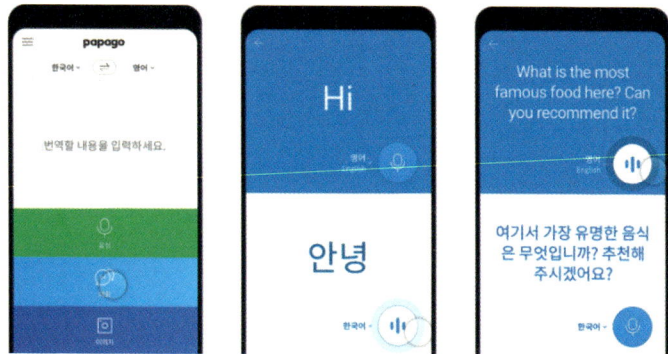

(출처: https://blog.naver.com/nv_papago)

켜 나갈 수 있다는 점에서 유용하다.[10]

둘째, 기계 번역기를 통해 모어와 외국어의 특성을 이해할 수 있다. 'Google Translate, Naver Papago, Kakao i'와 같은 기계 번역기를 활용할 수 있다. 상용되어 있는 네이버 파파고는 다양한 외국어를 텍스트나 이미지로 인식하여 번역해 주는 서비스, 대화 번역, 이미지 번역, 웹 사이트 번역 등의 기능이 있어 교육용으로 다양하게 활용할 수 있다.[11]

영어 텍스트에 대해 질문에 답변을 해주는 AI 기계 독해 시스템으로 Microsoft AI Lab에서 만든 Machine Comprehension

---

10 https://ailearn.co.kr/

11 https://papago.naver.com/

Tasks가 있다.12 문서를 스캔하여 텍스트에서 의미를 추출하거나 질문을 통해 답변을 받을 수 있다. 영어 타자 연습하는 사이트도 있는데 무료 게임으로 제공되며 영문 타자 연습이나 영어 단어의 스펠링 암기에도 효과적이다.13 토익 학습 튜터인 뤼이드 튜터도 데이터 분석을 통해 학습자의 TOEIC 학습 성취를 도와준다.14

셋째, 인간이 AI와 함께 만들어가는 음악 관련 플랫폼이 있다. 멜로디를 입력하면 바흐 스타일의 화음을 만들어주는 AI 음악 플랫폼으로 'BachDoodle'이 있다.15 사용자가 작성한 멜로디를 바흐풍의 화음으로 보여주는 것으로 인간과 AI가 어떻게 조화롭게 상호작용하여 멜로디를 만드는지를 체험할 수 있다. A.I.Duet은 피아노 멜로디를 치면 AI가 이에 대한 화음을 저절로 만들어 주는 플랫폼이다.16 다음은 크롬 뮤직랩으로 재미있는 체험 실험을 통해 음악을 배우는 것을 더 쉽게 만드는 웹사이트이다. 많은 선생님들이 크롬 뮤직랩을 활용하여 교실에서 음악과 과학, 수학, 미술과 더 많은 것과의 연관성을 탐구하기 위한 도구로 사용해 오고

---

12 https://machinereading.azurewebsites.net/

13 https://www.typingclub.com/

14 https://www.riiid.co/kr/

15 https://www.google.com/doodles/celebrating-johann-sebastian-bach?hl=ca

16 https://experiments.withgoogle.com/ai/ai-duet/view/

크롬 뮤직랩

(출처: https://musiclab.chromeexperiments.com/Experiments)

있다. 크롬 뮤직랩은 춤과 라이브 악기와 결합할 수도 있어 학습자들의 흥미를 유발하기에 충분하다.

넷째, 인간이 AI와 함께 미술 작품을 만들거나 감상하는 사이트이다. 퀵드로우는 빅데이터를 바탕으로 머신러닝을 통해 그림을 그리면 웹 서비스로 짧은 시간에 원하는 대상의 그림을 그리면 AI가 대상을 맞추는 웹 서비스 플랫폼이다.[17] 오토드로우는 인공지능AI이 어떤 그림을 그리려고 하는지 사용자의 생각을 인지하고 추측하여 추천 그림을 제안하는 웹 서비스 플랫폼이다.[18]

구글 아트 앤드 컬처는 전 세계 문화 기관과 예술가들의 작품을 실제 어떻게 보이는지 알려주는 웹 서비스로,[19] 세계 예술과 문화를 온라인을 통해 보존하고 전파하여 누구나, 어디서나 접근할 수

---

17 https://quickdraw.withgoogle.com/

18 https://www.autodraw.com/

19 https://artsandculture.google.com/

구글 아트 앤드 컬처

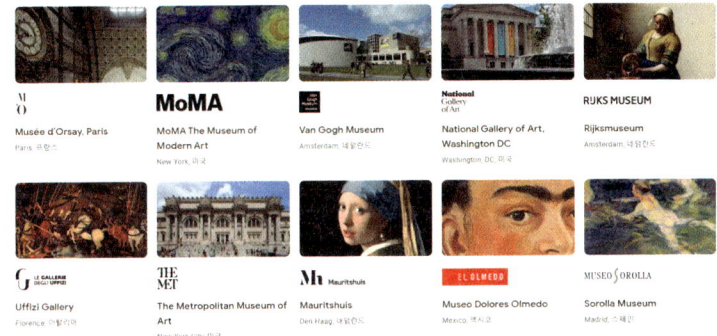

(출처: https://artsandculture.google.com/partner)

있으며 증강 현실 기술이 적용되어 예술품을 실제로 보는 것처럼 감상할 수 있다.

또한 구글 아트 팔레트를 통해서도[20] 미적 체험 영역에 쓰이는 플랫폼, 특정 색깔이 쓰인 팔레트가 나오면서 그 색깔이 쓰인 작품들이 나오는 AI 플랫폼, 직접 사진을 올리거나 사진을 검색해 볼 수 있으며, 색에 대한 이해할 수 있다. 이뿐만 아니라 기존 예술작품에서의 다양한 포즈들을 순서대로 선택하여 나만의 춤 동작을 만들어 주는 AI 플랫폼으로 Wayne McGregor's Living Archive도 있다.[21] 사람의 뼈대를 형상화시켜 춤과 애니메이션을

---

20 https://artsexperiments.withgoogle.com/artpalette/

21 https://artsexperiments.withgoogle.com/living-archive

만들어주는 AI 플랫폼으로 실제 움직이는 영상으로 표현되므로 학습자들에게 흥미를 유발할 수 있다.

다섯째, AI 콘텐츠는 특수 교육을 받아야 하는 학습자들에게도 활용되기에 좋다.[22] QTrobot은 언어적, 비언어적 의사소통 기술 학습이 필요한 자폐 아동들을 지원하는 휴머노이드 소셜 로봇이며 NAO robot은 ASD 아동들에게 사회적 기술 습득을 지원하는 가상 비서로 활용된다. Widex's Evoke는 청각장애 아동의 수업 참여를 지원하는 AI 기반 지능형 보청기로 활용되며 ActiveMate는 장애학습자의 집중도와 기분을 평가하여 개별화된 학습 환경을 지원하는 스마트 튜터링 모델이다. 난독증을 위한 아이들을 위하여 Microsoft의 학습 도구로 'OneNote'가 있다. 읽기가 어려운 학생들을 위한 프로그램, 읽기 보조 도구, 국어, 영어에 활용 가능하다. 몰입형 리더는 품사, 음절을 끊어서 난독증이 있는 학습을 보조할 수 있다. 특수 아동을 위한 도구로 활용될 뿐만 아니라 언어 교육에서도 유용하게 활용할 수 있다.[23]

'설리번+'는 시각 장애인 및 저시력자들의 정보 접근성을 높이기 위해 만들어진 시각 보조 애플리케이션으로[24] AI 카메라를 통해 인

---

22 송은정, 2021, 인공지능과 교육(AI in education), 중앙대학교 다빈치학습혁식원 교수학습개발센터, 에듀테크 All in ONE 특강 내용 중 일부 내용 수록.

23 https://www.onenote.com/learningtools?omkt=ko-KR

24 https://www.mysullivan.org/

티처블머신

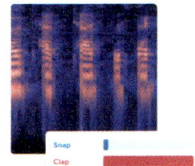

이미지
파일 또는 웹캠을 사용해 이미지를 분류하는 방법을 모델에 학습시킵니다.

사운드
짧은 사운드 샘플을 녹음하여 오디오를 분류하도록 모델을 학습시키세요.

자세
파일을 사용하거나 웹캠에서 자세를 취하여 몸의 자세를 분류하도록 모델을 학습시키세요.

(출처: https://teachablemachine.withgoogle.com/)

식한 주변 상황을 문자나 음성으로 알려주며 점자보다 사물 및 사람에 대해 더 다양한 정보를 담고 있다. 이처럼 다양한 AI 콘텐츠는 특수 교육 대상의 학습자를 위한 도구로 많이 활용되고 있으며 이동이 어렵거나 소외계층의 학습자에게도 잘 활용될 수 있다.

끝으로 소프트웨어 코딩 교육이나 AI 자체를 이해하는 플랫폼도 있다. AI를 이해하기 위한 플랫폼으로는 다양한 사진, 자료에 대해서 분류 및 예측할 수 있는 플랫폼으로 구글의 티처블머신Teachable Machine이 유용하다.[25] 티처블머신에서 모델링한 알고리즘을 다운하고 소스코드를 가져와 다른 로봇, 인공지능과 체험해 보는 활동이 가능하다. 티처블머신은 스크래치scratch와도 연동이 된다. 블록코딩 프로그램인 스크래치scratch는 MIT미디어랩에서 개발했는데 머

---

25 https://teachablemachine.withgoogle.com/

신러닝 모델링을 하고 모델 자체를 스크래치에서 나만의 인공지능 프로그램, 애플리케이션을 만들 수 있다. 이는 엠블록mBlock과도 연동되는데 티처블머신은 교육용 프로그램과 연동할 수 있다. 여기에 쓰이는 이미지는 Kaggle에서 가져올 수 있으며 데이터셋을 확인할 수 있다.

인공지능 분류 모델을 활용하여 체험할 수 있는 플랫폼으로 AI for Ocean이 있다. AI가 물고기와 바다 오염 물질인 쓰레기를 구분할 수 있는 프로그램이다.26 30분 이내 튜토리얼을 학습하면 머신러닝, 인공지능의 원리에 대해 체험, 알고리즘을 이해하고 이 모든 과정을 마쳤을 때에는 수료증을 만들 수 있어 학습자들의 동기 부여가 가능하다. 앞으로의 미래 사회는 환경 문제에 대한 여러 문제들이 나타나는데 AI 콘텐츠를 활용하여 이해를 돕고 체험 활동을 할 수 있어 효과적이다.

이 장에서는 다양한 AI 콘텐츠를 살펴보았다. AI 콘텐츠는 무수히 많이 생겨나게 될 것이다. 그럼에도 불구하고 자신의 관심과 목적에 따라 잘 활용할 수 있는 역량이 필요하다. 또한 사용자의 입장에서 더 좋은 AI 콘텐츠를 개발하기에도 충분하다. 앞으로는 AR, VR을 활용하여 가상세계에서 탐험을 할 수 있도록 더욱 확장될 것이다.

---

26 https://code.org/oceans

미래 인재 역량을 탐색하기 위해 미지의 세계를 탐험하고 다양한 경험을 쌓기 위하여 내면을 잘 들여다볼 필요가 있다. 본인이 과연 무엇을 좋아하고, 어떤 사람들과 소통할 때 즐거운지, 관심이 있는 것은 무엇이고 잘할 수 있는 일이 무엇인지를 파악하는 것이 중요하다. 교육 현장에서는 교사가 개별 학생들의 내면을 제대로 파악하기에 어려움이 많다. 학교에서 발생하는 무수히 많은 일들이 있으므로 눈에 보이지 않는 부분에 대해서는 쉽게 생각해 버리기 때문이다. AI를 활용하여 학생들의 심리, 성향 등을 파악하고 학습 관리, 어려운 과목의 학습적인 도움을 줄 수 있다. AI가 교육 현장에 활용되면서 학생들이 학교생활이 즐겁고 미래를 위한 지원을 할 수 있다. 학생의 진로 선택에도 AI가 의사결정에 도움이 될 수 있고 AI를 통해서 더 많은 분야로 학습자의 꿈과 미래를 확장해 나갈 수 있다. 따라서, 따라서 교육 현장에서는 AI 플랫폼 및 AI 콘텐츠를 포함한 AI 도구들을 적극 활용해야 한다.

에필로그

　우리에게는 AI와 함께할 미래 사회에 대한 기대감과 불안감이 공존한다. 4차 산업혁명은 AI 기술과 혁신을 가져왔지만, 인간은 새로운 미래 사회에서 AI에게 지배당하고 스스로 멸망하게 되지는 않을까 하는 우려 섞인 목소리도 들려온다. 게다가 COVID-19의 장기화로 우리들의 일상과 만남은 온라인 상으로 진행되는 비대면 소통 방식으로 바뀌었고, 가상 세계로의 진입이 한층 더 가속화되었다. 스마트폰이 일상이 되어 버린 우리들의 삶 속에는 이미 AI가 깊숙이 자리잡고 있다.

　이러한 기술의 발달과 함께 전염병 확산은 시대의 변화상과 그 흐름을 바꾸어 놓았을 뿐만 아니라 인간의 경제 활동에도 큰 영향을 미치게 되었다. 이는 직업에 대한 인식 및 일자리의 변화와 밀접하게 연관된다. 우리는 AI가 인간을 초월한 지능을 가지게 되는 디지털 시대의 디지털 공간에서 살아가기 위해서는 개인의 노력

뿐만 아니라 이러한 빠른 변화에 적응할 수 있는 AI 교육이 체계적으로 이루어져야 한다. 어떤 한 보고서에 의하면 전 세계의 일자리 700만 개 이상이 사라지고, 200만 개의 일자리가 새로 생긴다고 한다.

> 오늘날 초등학교에 들어가는 학생의 65%는 지금 존재하지 않는 직업을 갖게 될 것이다. 창의력, 주도력, 적응력이 꼭 필요하다.
>
> — 존 폭스 John Fox —

뿐만 아니라 직업, 직무에 대한 인식도 정규직 고용 형태가 아니라 프로젝트 기반으로 고용주가 없는 크라우드 워커, 프리랜서, 1인 기업, 프로슈머 등 다양한 형태로 나타나게 될 것이다. 평생직장, 평생직업은 이제는 옛말이 되어 버린 지 오래다. 개인이 일생 동안 갖게 될 직업이 평균 3~5개가 되는 시기가 도래한 것이다. 개인이 좋은 학교나 좋은 직장에서 이력을 만들어가는 시대를 너머 다양한 경험을 통해 주도적인 경력과 계획을 수립해야 하는 시대가 도래한 것이다.

미래 사회의 변화에 맞물려 직업 역량이 변화하게 되고, 이러한 변화에 적응할 수 있도록 가정에서나 학교에서 적극적인 교육이 이루어져야 한다. 직업군의 변화는 우리의 미래와 무관하지 않다. 우리의 현재는 불확실한 미래를 탐험해 가는 과정이며, AI 시대를 준비하는 사람만이 풍요로운 미래를 약속받을 수 있다.

> 인공지능은 전기의 발명이나 불을 통제하는 능력보다 인류에게 더 중요하다.
>
> — 순다 파차이Sundar Pichai, 구글 CEO —

인간의 삶을 좀 더 풍요롭게 하기 위해서는 AI를 정확하게 이해하고 적절하게 활용할 줄 알아야 한다. AI 시대에 적응하려면, AI 그 자체를 이해하는 것도 중요하지만 인간의 고유한 영역과 역량을 정확하게 이해하는 일이 선행되어야 한다. 첫째, 인문학적 성찰을 통해 AI와 협응해서 살아가야 한다. 타자와의 관계를 통해 자아의 내면을 들여다볼 수 있듯이, AI 기술이 발달할수록 우리는 인간의 무늬가 아니라 인간만이 가질 수 있는 본성과 그 고유한 특성에 집중해야 한다. 이를 바탕으로 인간이 주도적으로 이끄는, AI와 협응할 수 있는 미래 사회를 발전시켜 나가야 할 것이다. 둘째, 인성 교육이 중요하다. AI 기술이 발달한 사회일수록 인간의 근원적인 속성이 무엇인지, 인간은 AI와 어떻게 공존해야 하는지에 관한 고민이 필요하다. 생명 윤리, AI 윤리 등의 수립은 AI 시대를 인간답게 그리고 주도적으로 살아가는 원동력이 될 것이다.

셋째, AI 교육이 여러 학제적 연구와 다양한 플랫폼을 통해 지속적으로 이루어져야 한다. 미래의 사회에서는 AI를 적절하게 활용하는 사람이야말로 인터넷 혹은 가상 공간과 접속하여 더 많은 정보에 접근하여 수집할 수 있을 뿐만 아니라, 그러한 과정을 통하여 많은 사람들에게 영향력을 갖게 될 것이다. 메시지의 영향력이 가상현실로까지 확장되는 세계에서는 나만의 목소리, 나만의 독창성, 나만의 콘텐츠가 더욱 중요시될 것이다. 자신의 경험을 전 세계의 불특정 다수에게 전달하고 그들과 실시간으로 상호작용하면서 자신만의 역량, 자신만의 독창성, 자신만의 콘텐츠를 더욱 확장해 나가야 한다.

> 인간이 신을 발명할 때 역사는 시작됐고, 인간이 신이 될 때 역사는 끝난다.
>
> — 유발 하라리Yuval Harari, 사피엔스 —

AI 시대에는 인간만이 할 수 있는 것이 무엇인지, 인간다움을 잃지 않기 위해서는 어떠한 미래를 열어나가야 하는지에 대한 성찰이 필요하다. 인류는 AI라는 신의 영역에 가까운 포스트휴먼을 개발했다. 동물들과는 달리 인간만이 가능한 사고는 상상일 것이다. 앞으로 인간과 AI가 공존하는 시대에는 현재를 살아가는 우리가 상상하는 것 이상으로 다른 상상의 세계가 펼쳐지게 될 것이다. 그러한 시대에 인간의 역할은 AI에 지배당하는 것이 아니라 AI와 공존할 수 있는 적절한 방법을 찾는 것이다. 그럼으로써 결국 AI로부터 자유로울 수 있을 것이다. 미래에는 인간은 상상력이 현실이 되는 세계를 경험하게 될 것이며, 이러한 상상력은 우리를 또 다른 세계로 이끌 것이다.

AI 렌즈를 통해 바라보는 세상은 지금의 세상보다 훨씬 더 넓고 무한하다. 우리는 이를 위해서 어떠한 준비를 해야 하는지, 어떠한 태도로 미래를 바라볼 것인가 대한 끊임없는 고민이 필요하다. AI 렌즈를 장착하지 못한 사람은 미래에 펼쳐질 무한한 상상의 세계로 진입하기 어려울 것이다. 더욱이 고령화, 저출산, 각종 재해와 재난, 바이러스의 창궐과 같은 불안 요소에서 결코 자유로울 수 없는 인류에게 가상세계는 어쩌면 하나의 희망일지도 모른다. 가상세계 안에서 인류의 삶을 영위하게 되는 세상이 머지 않은 미래에 펼쳐지게 될 것이다. 상상은 혁신의 힘이며, 그 힘은 자유에서부터 비롯된다. 내가 상상하는 세계가 나에게 자유를 주듯이, 다양한 경험을 통해 상상하는 더 멋진 미래 사회를 꿈꾸고 우리 서로 향유해 나가야 한다. 우리가 상상하는 미래 사회는 우리가 생각하는 것보다 훨씬 더 가까이에 와 있다. 두려움과 불안감은 우리에게 또 다른 도전의 힘과 다양한 기회를 제공하는 원천이다. AI는 우리에게 재앙을 불러오는 힘이 아니라 우리가 상상하는 미래 사회를 앞당기고 풍요로운 세상을 열어줄 수 있는 힘이 될 것이라 기대한다.

샘플자료

(감사교육 활동지, 영화교육 활동지, 미래역량지표 설문지,
영화교육 학년별 세부목표 및 성취기준 수록)

중대부초 2학년	독서로 하는 감사	2-[ ][ ]		

※ 책을 읽고 감사할 내용을 찾아 글과 그림으로 표현해 보세요.

| 중대부초 2학년 | 가족감사 | 2-[ ][ ] | | |

※ 집안일 중 자신이 할 수 있는 일을 정해 실천해 봅니다.

(사진 - 집안일을 하는 내 모습 붙이기)

| 중대부초 2학년 | 가족감사 | 2-[ ][ ] | | |

※ 가족 중 고마운 분들에게 마음을 전달해 봅니다.

중대부초 2학년	감사앨범	2 - [ ][ ]		

※ 집안일 중 자신이 할 수 있는 일을 정해 실천해 봅니다.

※ 감사 내용이 포함된 사진 부착

| #인공지능
#기술의 발달 | 영화 '고장난 론' 학습지 | 4학년 3반
이름: 정이원 |

★ 보기 전 (3분 미리보기)

① 영화 속 '론'은 어떤 모습인가요? 왜 이런 모습을 하고 있을까요?
　둥근 모양에 팔다리가 붙어있다. 주인을 따라다니기 위해서다.
② 이 영화에서 '론'의 역할은 무엇인가요?
　주인대신 잘 맞는 친구를 찾아준다.
③ 이 영화는 어떤 내용으로 전개될까요?
　인간아이와 고장난 로봇이 친구 만들기 대작전을 펼친다.

★ 보는 중

- 영화 속 인물들의 특징을 정리해봅시다.

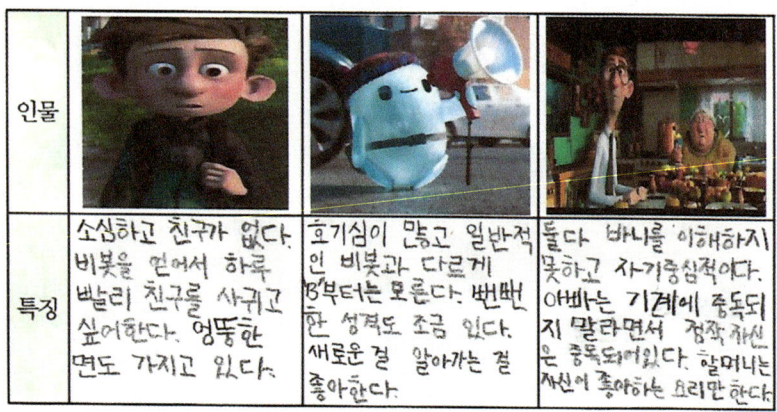

인물			
특징	소심하고 친구가 없다. 비봇을 얻어서 하루 빨리 친구를 사귀고 싶어한다. 엉뚱한 면도 가지고 있다.	호기심이 많고 일반적인 비봇과 다르게 B부터는 모른다. 뻔뻔한 성격도 조금 있다. 새로운 걸 알아가는 걸 좋아한다.	둘다 바니를 이해하지 못하고 자기중심적이다. 아빠는 기계에 중독되지 말라면서 정작 자신은 중독되어있다. 할머니는 자신이 좋아하는 요리만 한다.

- 영화를 보면서 다음 물음에 답해봅시다.

① 모든 아이들이 최첨단 소셜 AI 로봇 '비봇(B-BOT)'을 갖고 있는 세상에서 만약 여러분이 고장난 로봇을 선물을 받았다면 어떻게 어려움을 극복해 나갈 수 있을까요? 책을 읽어주거나 이야기를 들려주면서 지식을 쌓게 해 비봇을 고친다.

② 인공지능(AI)과 관계를 맺는 아이들의 이야기를 통해 이 영화에서 말하고 싶은 주제는 무엇일까요? AI는 친구를 사귀는 도구일 뿐이지 그 자체로 친구를 만들 순 없다.

③ 친구와의 진정한 우정은 무엇이라고 생각하나요?
　서로를 믿고, 의지하고, 시간을 같이 보낼 수 있는 것.

- 보면서 가장 인상 깊었던 대사나 장면을 메모해 봅시다.

- 인상 깊었던 대사 또는 장면: 론(베넛)이 처음으로 켜졌을 때
- 까닭: 이 순간부터 바니의 인생이 180° 바뀔거라고 생각했기 때문이다.

★ 본 후

- 과학 기술의 발달은 사람들의 삶을 편하게 만들어 줍니다. 하지만 심각한 부작용도 많습니다. 과학 기술이 발달하면 좋은 점과 그에 따른 부작용을 생각해보고 친구들과 미니 토론을 해 봅시다.

- 과학 기술이 발달하면 좋은 점 : 모든 일(이동,의식주)가 쉽고 빠르게 해결된다. 음식-캡슐, 옷-스타일러,건조기, 집-앱으로 관리
- 과학 기술 발달의 부작용 : 환경이 오염되어 먹이 사슬에 큰 변화를 주어서 생태계가 파괴된다. 사람이 스스로 하지 않고 기술에 지나치게 의존하게 된다.

< 토론 주제 : 과학 기술의 발달은 인간의 삶에 반드시 필요하므로 꾸준히 진행해야한다. >

- 원형 토론
 ① 학급을 절반으로 나누어 한 팀은 안쪽 한 팀은 바깥쪽으로 둥글게 앉습니다.
 ② 마주 보며 앉은 친구와 함께 찬성 주장과 반대 주장을 번갈아가며 토론합니다. (각각 2분 30초씩)
 ③ 5분이 지나면 바깥쪽에 앉은 친구들이 오른쪽으로 이동하며 위 과정을 반복합니다.

찬성에 대한 근거 : 과학 기술이 발달하면 코로나 같은 새로운 바이러스가 나타났을 때, 빨리 백신을 개발해 사람들을 살릴 수 있다. 직접 가보지 않고도 새로운 장소를 체험 할 수 있다.

반대에 대한 근거 : 계속 발전만 집중하면 환경이 오염된다. 또 로봇이 공장 같은 곳의 일자리를 차지해 사람들이 일할 곳이 줄어든다. 인간들이 AI에게 모든 일을 시켜서 게을러지고, 고도 비만이 온다.

| 나의 최종 주장과 근거 |

☆ 주장 : 환경이 오염되지 않을 만큼만 기술을 발전 시키자.
☆ 근거 : 1. 이미 많이 개발되었으니 생태계를 보존해야 한다.
 2. 너무 기술에 의존하다 보면, 영화처럼 친구를 사귀는 것조차 못한다.
 3. 기술 개발에만 생명의 소중함을 잊어버릴 수 있다.

#로봇 #미래 산업 | 영화 '빅 히어로' 학습지 | 4학년 3반 이름: 신유나

★ 보기 전 (3분 미리보기)
① 영화 속 '베이맥스'은 어떤 모습인가요? 왜 이런 모습을 하고 있을까요?
　커다랗고, 폭신폭신해보입니다 푸근한 마음을 가지고 있기때문입니다.
② 이 영화에서 '베이맥스'의 역할은 무엇인가요?
　사람들의 건강상태를 보고, 치료방법을 알려준다.
③ 이 영화는 어떤 내용으로 전개될까요?
　베이맥스는 인공지능로봇이니 사람들에게 정확한 치료 방법을 알려주는 내용일것같습니다.

★ 보는 중
- 영화 속 인물들의 특징을 정리해봅시다.

인물	(베이맥스)	(히로)	(테디)
특징	'아야!'라는 소리를 들으면 작동하고, 많은 정보들을 가지고 있다.	과학의 우수한 천재이며, 형을 사랑하고, 문제에 대해 해결 방법을 찾으려고 노력한다.	정이 많고, 끈기 있으며, 과학 기술을 이용하여 인간의 삶의 질을 높이려고 노력한다.

- 영화를 보면서 다음 물음에 답해봅시다.
① 치료 로봇 '베이맥스'와 같이 인간의 건강을 관리해 주는 로봇이 있어서 좋은 점과 나쁜 점에는 어떤 것이 있을까요?
　◎ 좋은 점: 많은 데이터를 바탕으로 정확한 진단과 치료방법을 가르쳐준다.
　◎ 나쁜 점: 실업자가 증가하고, 개인정보유출로인한 피해가 발생한다.
② 인간의 고뇌과 상실감에 대한 처방과 치유 방법은 무엇일까요?
　따뜻한 격려와 포옹, 친구들을 만나 함께 시간을 보낸다.
③ 인간적인 로봇 이야기에서 여러분은 어떤 생각을 하게 되었나요?
　내 옆에도 이런친구가 있어 함께 이야기를 나눠보고싶다.

- 보면서 가장 인상 깊었던 대사나 장면을 메모해 봅시다.

- 인상 깊었던 대사 또는 장면: "우리 다른각도로 해결방법을 찾아보자."

- 까닭: 못하겠다고 포기하지않고 할수있는 다양한 방법을 끝까지 찾아보는 히로의 모습이 인상깊었기 때문이다.

★ 본 후

- 이 영화가 우리에게 전달하고자 하는 의미를 생각해 봅시다.(교훈)

AI기술은 인간에게 꼭 필요한 부분에 활용되어야한다.

- 미래를 바꾸기 위해서 진정으로 우리는 무엇을 해야 할까요?
  과거는 과거일 뿐, 현재를 살아가고 다가오는 미래를 위해 우리는 무엇을 해야 하는지 본인의 생각을 써 봅시다.

재생가능한 에너지를 연구하고, 개발하도록 끊임없이 노력해야한다. 우리가 살고있는 환경이 더이상 무분별한 개발로 파괴되지 않도록 일회용품 줄이기, 분리수거등 작은 행동을 실천해야한다

- 미래 사회는 과학에 의한 선(善)과 악(惡)이 다양하게 표출될 것입니다. 과학 기술 발달로 인해 인류에게 일어날 수 있는 악(惡)한 일을 예상하여 써 봅시다.

옛날에 없었던 새로운 질병이 생기고, 생명복제기술 연구는 또다른 논란이 되고있다. 환경이 오염되기도하고, 사람들의 일자리가 사라지게된다. 또, 사생활침해와 개인정보유출로 고통을 받는 사람들이 증가할것이다.

 월-E (WALL-E)   4-3 김수안   Monthly CINEMA

★ 보기 전
❃ 다음 영상들을 보고, 인공지능(AI)에 대해 알아봅시다.

1. 인공지능의 학습 방법 : 딥러닝
 - 수많은 (데이터) 사이에서 답을 찾아가는 과정.
 - (데이터)가 많으면 정확도가 상승.

2. 인공지능과 함께 하는 미래의 모습은 어떠할 지 상상하여 적어봅시다.

┌─────────────────────────────────────┐
│ 생활은 편리해지지만, 인간이 할 수 있는 일들이 │
│ 많이 사라질 것 같다.   │
└─────────────────────────────────────┘

★ 보는 중
❃ 영화를 보며 다음 질문에 답해봅시다.

1) 영화 속에서 지구의 미래는 어떤 모습인가요? 그곳에서 로봇 월-E는 어떤 일을 하나요?
 생물이 존재하지 않고, 온갖 쓰레기과 폐기물로 뒤덮였다. 폐기물 수거처리를 한다.

2) BnL의 우주선 엑시엄은 어떤 목적으로 만들어졌을까요?
 지구가 쓰레기로 가득 차서 더이상 살 수 없게 되어 로봇들이 지구를 청소하는 동안 우주공간에서 수백년동안 지구에서 인간들의 물건을 모으고, 생활흔적들을 보면서 인간과 지내는 목적으로 만들어졌다.

3) 월-E가 이브와 달리 감정이 풍부한 까닭은 무엇일까요? (인공지능의 학습 방법과 관련하여 생각해보세요)
 같은 감정이 생겼다

4) 이브는 무엇을 찾기 위해 지구에 왔을까요?
 살아 있는 식물

5) 5년 동안 함께 예정이었던 엑시엄은 몇 년 동안 항해중인가요? 그 이유는 무엇일까요?
 700년, 지구를 깨끗이 청소하는데 실패해서

6) 엑시엄이 지구로 돌아가기 위해서는 무엇이 필요한가요?
 식물을 홀로그램에 넣기

7) 엑시엄의 선장이 생각한 지구와 이브가 보여 준 지구는 어떻게 달랐나요?
 선장은 지구가 어떤 생명체도 살 수 없는 것으로 생각했는데, 이브를 통해서 살아있는 식물이 있음을 알게 되었다.

8) 인공지능 오토가 지구로 갈 수 없다고 한 까닭은 무엇인가요?
 지구 귀환 프로그램을 없애고 오토가 통제하라는 BNL의 새로운 메세지 때문에

9) 엑시엄의 선장이 지구에 가야한다고 주장하는 근거는 무엇인가요?
 단순히 우주선에서 생존하는 것이 아니라 행복하고 즐겁게 살아가기 위해서

10) 엔딩 크레딧을 보면 앞으로 지구에서의 삶은 어떠할 것이라고 예상되나요?
 사람들과 인공지능이 조화를 이루어 행복한 미래가 될 것

인사이드 아웃 (Inside Out)

★ 보기 전

1. 포스터 속에서 무엇이 보이는 지 살펴봅시다.

   기뻐하는 모습, 화난 모습, 슬픈 모습, 새침한 모습, 무서워하는 모습

2. 영화의 제목 'Inside Out'은 어떤 뜻일지 생각해봅시다.

   소녀의 생각이나 감정을 나타낸다는 뜻일것 같다

3. 포스터와 제목을 통해 어떤 내용의 영화일지 예상해봅시다.

   소녀의 여러가지 감정과 느낌에 대해 표현하는 영화일 것 같다

★ 보는 중

☆ 영화를 보며 다음 질문에 답해봅시다.

1) 영화 첫 부분에서 기쁨이가 해주는 설명을 잘 듣고, 각 감정들의 역할을 정리해봅시다.

소심이	라일리를 안전하게 지켜주는 역할
까칠이	라일리를 해로운것으로부터 지켜주는 역할
버럭이	화나는 것을 못참는 역할
슬픔이	마음이 아프고, 속상하게 하는 역할

2) 라일리에게는 어떤 성격섬들이 있나요? 여러분들에게는 어떤 성격섬들이 있을까요?

   엉뚱섬, 우정섬, 하키섬, 정직섬, 가족섬 사랑섬, 슬픔섬, 우정섬, 독서섬, 공부섬

3) 라일리의 첫 번째 파란색 핵심기억은 어떤 기억인가요?

   새로운 반 아이들 앞에서 울면서 자기소개를 한 기억

4) 기쁨이와 슬픔이가 본부에 없자 그날 저녁 식사에서 어떤 일이 벌어졌나요?

   엄마, 아빠의 질문에 짜증을 내고, 차갑게 대답하다가 결국 크게 화를 냈다

5) 라일리의 성격섬들이 무너지게 된 사건들을 각각 정리해봅시다.

엉뚱섬	아빠의 친숙이 장난에 라일리가 반응하지 않아서
우정섬	라일리가 친구 맥과 통화하다가 화를 내면서 전화를 끊어서
하키섬	하키팀 입단 테스트중 라일리가 화를 내며 하키채를 던지고 강으로 돌아감
정직섬	엄마 지갑에서 카드를 훔쳤을때
가족섬	학교에 가는 것으로 부모님을 속이고, 집을 나갔을때

6) 빙봉이 로켓을 잃었을 때 다시 힘을 낼 수 있게 해 준 것은 누구였나요? 어떻게 힘을 줬나요?

   슬픔이. 빙봉의 슬픔에 대해 맞장구 쳐주고, 위로해주어 힘을 얻었다

★ 본후

1. 나의 감정 컨트롤 본부

1) 라일리 가족의 감정 컨트롤 본부를 살펴보고, 다른 점을 찾아봅시다.

엄마의 감정콘트롤 본부 중심은 슬픔이이고, 라일리는 기쁨이, 그리고 아빠는 버럭이이다.

2) 이 영화의 감독은 왜 사람마다 감정 컨트롤 본부를 다르게 그렸을까요?

사람마다 주가 되는 감정이 서로 다르고, 이를 바탕으로 다양한 성격이 형성되는 것을 보여주기 위해서

3) 내 감정 컨트롤 본부는 어떤 모습일지 생각해보고, 그림으로 표현해봅시다.

2. 슬픔에 대하여

1) 이 장면에서 라일리가 하키를 그만두지 않은 까닭은 무엇때문이었나요?

부모님에게 미네소타에서의 기억들이 너무나 그립고, 돌아가고 싶다고 슬퍼하자 부모님이 공감의 위로를 건네주자 다시 하키섬의 핵심기억이 만들어졌기 때문에

2) 가출 한 라일리가 집으로 돌아온 까닭은 무엇인가요?

슬픔이가 감정의 제어판을 정상 작동시키면서 라일리가 정신 차리게 된다

3) 여러 감정들 중에서 슬픔이는 어떤 역할을 한다고 생각하나요? 위 장면들에 비추어 자유롭게 적어봅시다.

과거의 슬픈 기억들을 떠올리고, 위로 받으면서 기쁨의 감정을 느끼게 된다

★ 한줄평

★★★★★ 사람의 다양한 감정들은 서로 중요한 역할을 하며 ○○를 만드는데 중요한 역할을 한다.

[부록] 초·중·고 융합인재역량 측정

융합인재역량은 4개영역(4C: Convergence, Creativity, Critical thinking, Communication), 20문항으로 구성된다(미국 AACTE에서 제공하고 있는 21세기 핵심역량, 최유현 외(2013)을 기반으로 재구성함

4C	문항 내용	매우 그러함	그러함	보통	그렇지 않음	전혀 그렇지 않음
Convergence	1. 나는 오늘날 융합적 지식이 더욱 중요해지고 있다고 생각한다.					
	2. 나는 다양한 과목을 융합하여 배울 필요가 있다고 생각한다.					
	3. 나는 융합적 지식을 활용하여 과제를 해결해야 한다고 생각한다.					
	4. 문제해결 시 내가 가진 지식을 융합하여 해결할 때 효과적이다.					
	5. 나는 융합지식과 기술을 활용하면 사회가 발전한다고 생각한다.					
Creativity	6. 나는 다른 사람들이 생각하지 못하는 아이디어를 산출해 낸다.					
	7. 나는 주위 사람들로부터 독창적인 생각을 많이 한다는 말을 자주 듣는다.					
	8. 나는 어떤 문제를 해결할 때 다양한 분야의 지식을 활용하여 새로운 해결책을 친구들보다 많이 제시한다.					
	9. 나는 문제에 대한 다양한 아이디어 중에서 가장 좋은 해결책을 선정할 수 있다.					
	10. 나는 내가 세운 해결책을 계획에 맞춰 구체적으로 실천하며 문제 해결 후 과정과 결과를 돌이켜 개선점을 찾는 편이다.					
Critical thinking	11. 나는 어려운 문제가 주어진 상황에 적합하게 문제의 특성을 분석하고 논리적으로 이해한다.					
	12. 나는 어떤 주장에 대해서 의문을 제기하고 사실인지 거짓인지 합리적으로 생각한다.					

4C	문항 내용	매우 그러함	그러함	보통	그렇지 않음	전혀 그렇지 않음
	13. 나는 주장에 대해 나의 신념과 가치에 대해 정당성을 반영할 수 있다.					
	14. 나는 다양한 문제에서 논증을 확인하고 구성하며 체계적으로 해결한다.					
	15. 나는 다양한 사고 방법으로 아이디어의 관련성과 중요성을 인식하면서 문제를 해결하는 편이다.					
Communication	16. 나는 문제 해결에 필요한 정보를 잘 찾는 편이다.					
	17. 나는 남의 의견을 잘 이해하는 편이다.					
	18. 나는 친구들과 토론을 통해 합리적 의사소통을 할 수 있다.					
	19. 나는 나의 학습 결과를 잘 표현하거나 작성할 수 있다.					
	20. 나는 나의 의견을 조리 있게 표현하여 다른 친구들을 잘 설득하는 편이다.					

[부록] 영화교육 학년별 세부 목표 및 성취기준(KOFIC 연구 2021-04)

영화진흥위원회에서 연구 개발한 '초등학교 영화교육 표준안 개발' 내용 중에서 '제4장 영화교육 총론 및 각론' 내용이다. 특히 그 중에서 방법론적인 내용인 (학년별 세부목표와 성취기준)을 중심으로 수록하였다. 영화교육의 내용은 감상, 표현, 생활화 영역으로 구성되어 있는데 이 중(생활화)영역은 AI에 대한 간접경험과 민주시민의식을 고취시키는데 적합하다.

★ 1,2학년 영화교육 영역, 핵심개념, 내용요소, 성취기준

영역	핵심개념	내용요소	성취기준
감상과 표현	보기	이해	영화 속에 등장하는 인물들의 이름과 역할에 대해 이야기할 수 있다.
			영화 속에 일어난 일을 이야기할 수 있다.
	나가기	표현	영화를 보고 인상적인 장면을 그림으로 표현할 수 있다.
			영화를 보고 인상적인 인물을 떠올려보고 그림으로 표현할 수 있다.
			그린 그림을 친구들 앞에서 발표할 수 있다.
			영화를 보고 마음에 생기는 감정을 그림, 색깔, 감정 카드 등을 사용해 표현할 수 있다.
			표현한 마음을 친구들 앞에서 발표할 수 있다.
생활화	향유	즐기기	영화에 대한 흥미와 친밀감을 가질 수 있다.
			영화를 보는 즐거움을 누릴 수 있다.
			영화를 재미있게 보는 법을 배울 수 있다.
	융합	다양성	영화를 통해 다양한 세상과 문화를 간접적으로 경험할 수 있다.
			영화 보기를 통해 자기중심성에서 벗어나 타인에 대한 이해를 높이는데 도움을 줄 수 있다.
	연결 및 적용	활용	영화를 통해 닮고 싶은 인물을 찾아볼 수 있다.

★ 3,4학년 영화교육 영역, 핵심개념, 내용요소, 성취기준

영역	핵심개념	내용요소	성취기준
감상	보기	이해	영화를 보고 줄거리를 파악하고 이야기할 수 있다.
			등장인물의 감정과 행동을 이해하고 이야기할 수 있다.
	읽기	분석	영화가 전달하는 이야기가 무엇인지에 대해 생각해볼 수 있다.
			가장 인상적인 장면을 글로 쓰거나 그림으로 그릴 수 있다.
			자신의 글이나 그림을 발표할 수 있다.
		가치판단	영화가 전달하는 이야기에 대해 자신의 생각을 이야기할 수 있다.
	나누기	표현	영화를 보고 마음에 생긴 감정을 글이나 그림으로 표현할 수 있다.
		토의	영화를 보고 마음에 생긴 감정을 발표할 수 있다.
		경청	친구들의 의견을 잘 듣고 핵심을 이해할 수 있다.
			친구들의 의견과 자신의 의견을 비교할 수 있다.

영역	핵심개념	내용요소	성취기준
표현	발상	관찰과 탐색	영화 속 인물 중 기억에 남는 인물을 그림으로 그려보고 그 이유를 이야기할 수 있다.
			영화 속 인물 중 주변 사람이나 친구를 닮은 인물을 찾아서 그림으로 그려보고 그 이유를 이야기할 수 있다.
		(영화적) 상상과 구상	영화의 앞 이야기와 뒷이야기를 상상하고 글이나 그림으로 표현할 수 있다.
			상상한 이야기를 친구들과 함께 8개-10개의 만화 장면으로 옮겨볼 수 있다.
	창작	영화기술 & 영상언어	카메라의 각도와 거리에 따라 각각 크기와 내용이 다른 사진이 나온다는 것에 대해 알아본다.
			영화가 이야기를 전달하는 법에 대한 기초적인 지식을 습득한다.
		표현하기	구상한 이야기를 만화(스토리보드)로 옮겨볼 수 있다.
			등장인물의 역할과 상황에 맞는 의상과 소품을 간단히 만들어볼 수 있다.
		공동체 의식과 협동	만화(스토리보드)를 스마트폰 앱을 활용하여 스토리가 있는 영상으로 제작할 수 있다.
			친구들과 역할을 나누고 협업을 통해 짧은 영화를 완성할 수 있다.
	비평	결과물 나눔	다른 모둠 친구들이 만든 영상물을 보고 느낀 점을 이야기할 수 있다.
			자신들이 직접 만든 영화를 보고 느낀 점을 이야기할 수 있다.
			만화로 그리는 것과 영상물로 만드는 것의 차이점이 무엇인지 이야기해 볼 수 있다.
			영상을 만들면서 느낀 감정이나 체험을 이야기할 수 있다.
생활화	향유	즐기기	영화에 대한 흥미와 친밀감을 가질 수 있다.
			영화를 보는 즐거움을 누릴 수 있다.
			특별한 날에 직접 영상을 촬영해 볼 수 있다.
		비판적 수용	자신에게 적합한 영화를 스스로 선택할 수 있다.
	융합	다양성	영화를 통해 다양한 관계(가족, 친구, 성별(젠더), 민족 등)를 간접적으로 경험하고 이해할 수 있다.
			영화를 통해 다양한 세계와 문화(역사, 전통, 시민의식, 다문화 등)를 이해할 수 있다.
		관계형성	영화 속 캐릭터를 나와 친구들의 관계에 대입하여 생각해 볼 수 있다.
			직접 촬영한 영상으로 타인과 소통할 수 있다.
	연결 및 적용	활용	다양한 지식을 습득하는 데 영화를 활용할 수 있다.
			영화를 통해 관련 과목에 대한 학습효과를 증대시킬 수 있다.
			영화를 통해 다양한 문화예술적 소양을 기를 수 있다.

영역	핵심개념	내용요소	성취기준
		자기 주도적 문제해결	영화를 통해 자아 정체성을 고민할 수 있는 토대를 마련할 수 있다. 영화를 통해 자기개발과 진로탐색을 생각해 볼 수 있다.

★ 5,6학년 영화교육 영역, 핵심개념, 내용요소, 성취기준

영역	핵심개념	내용요소	성취기준
감상	보기	이해	영화를 보고 줄거리를 파악하고 이야기할 수 있다.
			등장인물의 감정과 행동을 이해하고 이야기할 수 있다.
	읽기	분석	영화가 담고 있는 주제를 파악할 수 있다.
			영상 이미지가 담고 있는 의미를 파악할 수 있다.
		가치판단	영화가 담고 있는 주제와 의미에 관해 자신의 생각을 이야기할 수 있다.
	나누기	표현	영화를 보고 느낀 점을 글이나 그림으로 표현할 수 있다.
		토의	영화를 보고 느낀 점을 친구들과 이야기할 수 있다.
		경청	친구들의 의견을 잘 듣고 핵심을 이해할 수 있다.
			친구들의 의견과 자신의 의견을 비교할 수 있다.
표현	발상	관찰과 탐색	내가 좋아하는 이야기 속 주인공의 성격을 구체적으로 상상할 수 있다.
		(영화적) 상상	일상생활에서 이야기 소재를 찾아볼 수 있다.
		(영화적) 구상	소재를 자유롭게 상상하여 글로 적어볼 수 있다. 완성된 이야기로 확장할 수 있다.
	창작	영상언어	영화의 언어적 요소(쇼트, 움직임 등)를 이해할 수 있다.
			영화 창작의 과정과 영화를 만드는 사람들의 역할을 이해할 수 있다.
		표현하기	완성된 이야기의 대사를 만들어 볼 수 있다.
			완성된 이야기를 스토리보드(이미지)로 그려볼 수 있다.
			캐릭터의 역할과 상황에 맞는 의상과 소품을 간단히 만들어볼 수 있다.
		공동체 의식과 협동	친구들과 함께 영학을 나누고 공동 작업을 통해 영화를 만들어 볼 수 있다.
		연기	영화 속 인물을 직접 연기하면서 나와 다른 사람을 이해할 수 있다.
	비평	결과물 나눔하기	직접 만든 영화를 친구들과 함께 보고 느낀 점을 이야기할 수 있다.
			영화가 글이나 그림과는 다른 차이점이 무엇인지를 이해하고, 앞으로 어떻게 활용할 수 있을지를 생각해본다.

영역	핵심개념	내용요소	성취기준
생활화	향유	즐기기	영화를 보는 즐거움을 누릴 수 있다.
			특별한 날에 직접 영상을 촬영해 볼 수 있다.
		비판적 수용	영화를 보고 비판적으로 수용할 수 있다.
			자신에게 적합한 영화를 스스로 선택할 수 있다.
	융합	다양성	영화를 통해 다양한 세상과 문화를 간접적으로 경험하고 이해할 수 있다.
			영화를 통해 다양한 문화(영화와 사회화의 관계, 시민의식, 문화의 다양성 등)를 이해할 수 있다.
		관계형성	영화 속 캐릭터를 나와 친구들의 관계에 대입하여 생각해 볼 수 있다.
			직접 촬영한 영상으로 타인과 소통할 수 있다.
	연결 및 적용	활용	다양한 지식을 습득하는 데 영화를 활용할 수 있다.
			영화를 통해 관련 과목에 대한 학습효과를 증대시킬 수 있다.
			영화를 통해 다양한 문화예술적 소양을 기를 수 있다.
		자기 주도적 문제해결	영화를 통해 자아 정체성을 고민할 수 있는 토대를 마련할 수 있다.
			영화를 통해 자기개발과 진로탐색을 생각해 볼 수 있다.
			영화를 통해 삶의 문제 해결 능력을 향상시킬 수 있다.

〈참고문헌〉

강우규, 2021, 인공지능 시대의 스토리텔링과 이야기 향유 방식: 웹소설 〈전지적 독자 시점〉을 중심으로, 문화와 융합, 한국문화융합학회, 43-5.
공민수·신창훈, 2021, 세상에서 가장 쉬운 AI 앱 수업, 앵글북스.
김진석, 2021, 인공지능 리터러시 기반 초·중등교육의 내용과 교수·학습 방안 탐구, 한국초등교육 32-3.
김진형, 김태년, 2021, AI 청소년을 위한 최강의 수업, 매경주니어.
김현곤, 2019, 미래 2030 AI와 고령화 시대의 일과 교육, 한국정보화진흥원(NIA) 정책본부 미래전략센터 보고서.
류태호, 2017, 4차 산업혁명 교육이 희망이다, 경희대 출판문화원.
매튜 리버먼 지음, 최호영 옮김, 2015, 사회적 뇌, 시공사.
박윤수·이유미, 2021, 대학생의 AI 리터러시 역량 신장을 위한 교양 교육 모델, 정보교육학회논문지, 25:3.
박정철, 2021, 구글 클래스룸을 활용한 대학 교육 혁신, 중앙대학교 미래교육스쿨 특강 내용 일부 발췌.
박현식 외, 2021, 인문사회학으로 보는 AI, 자유아카데미.
변문경, 박찬, 김병석, 이정훈, 2021, 메타버스 FOR 에듀테크, 다빈치books.
변순용, 2020, AI 시민성 교육에 대한 시론, 초등도덕교육 67.
백미숙, 2014, 스피치로 승부하라, 서울: 교보문고.
부산광역시교육청, 2019, 인공지능 기반 교육 가이드북, 도서출판 어가.
서대호, 2021, 1년 안에 AI 빅데이터 전문가가 되는 법, 반니.
신진선·조미헌, 2021, 초등학생을 위한 활동중심 인공지능 융합 교육 프로그램 개발 및 적용, 정보교육학회논문지 25:3.
안종배, 2021, 인공지능이 바꾸는 미래세상과 메타버스, 광문각.
유발 하라리 지음, 조현욱 옮김, 2015, 사피엔스, 김영사.
윤현옥, 2020, 미디어리터러시 교육, 무엇을 가르칠 것인가, 교육정책포럼 320, 한국교육개발원, 교육정책네트워크.
이영희, 2021, 온택트 시대의 공부법, 마이북하우스.
이유미, 2020, 인문콘텐츠 확장을 위한 인공지능인문학 시론(試論), 인문콘텐츠 56호.
이유미, 2021, AI 시대의 리터러시, AI 리터러시와 관계 리터러시를 중심으로, 제3회 AIH워크숍.
이주호, 정제영, 정영식, 2021, AI 교육 혁명, 시원북스.

이찬규 엮음, 2020, 미래는 AI의 것일까? 사이언스북스.

정경열, 2009, 감성과 논리력을 키워주는 사진교육 PIE, 웅진리빙하우스.

정유남·이영희, 2021, AI 콘텐츠를 활용한 초등 융합 교육의 실제, 제3회 AIH워크숍.

조성준, 2021, 세상을 읽는 새로운 언어, 빅데이터.

한선관·류미영·김태령, 2021, AI 사고를 위한 인공지능 교육, 성안당.

한지우, 2021, AI는 인문학을 먹고 산다, 미디어숲.

한치원, EN에듀인뉴스, 정성윤의 미국 EDU 기행, (2019.03.04.).

KOFIC 연구 2021-04, 청소년 영화교육 교육과정기준 연구 개발, 영화진흥위원회.

Long,D., & Magerko, B., 2020, What is AI Literacy? Competencies and Design Considerations. In Proceedings of the 2020 CHI Conference on Human Factors in Computing Systems, 1-16.

〈 사 전 자 료 〉

한국문학평론가협회, 2006, 문학비평용어사전, 국학자료원.

〈 참 고 영 상 자 료 〉

김지훈, 한국강사신문, OCU평생교육원 '구글공인교육자' 비대면 실시간 연수, (2021.12.07.).

tsl.mit.edu/covid19, MIT 미디어랩 비교미디어 연구학 교수 Justin Reich Keynote Speech, [KERIS] 2021 KERIS 심포지엄 & 글로벌 네트워킹 위크 〈미래교육을 재구성하다〉 참고(2021.11.23.).

박정철, 2021, 구글 클래스룸을 활용한 대학 교육 혁신, 중앙대학교 미래교육스쿨 특강 내용 발췌.

송은정, 2021, 인공지능과 교육(AI in education), 중앙대학교 다빈치학습혁식원 교수학습개발센터, 에듀테크 All in ONE 특강 내용.

〈 참 고 사 이 트 〉
----

https://www.khanlabschool.org/

https://www.ixl.com/

https://ai4k12.org/

https://archive.org/

https://openlibrary.org/

http://www.oasis.go.kr/

http://archive.much.go.kr/index.do

https://museum.seoul.go.kr/archive/NR_index.do

http://archives.hangeul.go.kr/

https://www.google.com/culturalinstitute/beta/

http://www.keris2021.net/

https://samstory.coolschool.co.kr > zone > story > educine

https://www.myheritage.co.kr/deep-nostalgia

https://openai.com/blog/dall-e/

http://www.insungfilm.org.

https://ko.vllo.io

https://www.gettingsmart.com

https://www.gather.town/

https://www.ampermisic.com

https://pengtalk-student.ebse.co.kr/

https://www.ebssw.kr/

https://ailearn.co.kr/

https://classroom.google.com

https://www.riiid.co/kr/

https://machinereading.azurewebsites.net/

https://www.scienceall.com/maravecs-paradox/

https://blog.naver.com/nv_papago

https://musiclab.chromeexperiments.com/Experiments

https://quickdraw.withgoogle.com/

https://www.autodraw.com/

https://artsandculture.google.com/partner

https://artsandculture.google.com/

https://artsexperiments.withgoogle.com/artpalette/

https://artsexperiments.withgoogle.com/living-archive

https://www.onenote.com/learningtools?omkt=ko-KR

https://www.mysullivan.org/

https://teachablemachine.withgoogle.com/

https://www.youtube.com/user/ArtforKidsHub

https://m.blog.naver.com/gne_education/221880813541

https://www.youtube.com/channel/UC8N8Kq2O7YcvF9C0nZuPT-Q

https://www.youtube.com/channel/UCvkLnjWQIntS0pnreTEfP_g

https://www.youtube.com/channel/UCifXwtlk4JtAzzAGNeeM91A

https://www.youtube.com/channel/UCMc4EmuDxnHPc6pgGW-QWvQ

https://www.youtube.com/channel/UCEVl45za5i1hS8jA-mGR66A

https://www.youtube.com/channel/UCx8IhwapX8E7uooFYJIeVZw/featured

https://www.affde.com/ko/top-edtech-youtubers-and-channels.html

https://www.google.com/doodles/celebrating-johann-sebastian-bach?hl=ca

https://experiments.withgoogle.com/ai/ai-duet/view/

AI 시대의 공부법

초판 1쇄 인쇄 2022년 1월 28일
초판 1쇄 발행 2022년 1월 31일

지은이 정유남·이영희
펴낸이 장치혁

펴낸곳 마이북하우스   **출판등록** 제2012-000088호
홈페이지 www.mybookhouse.com
전화 0507-1328-7663   **팩스** 02-2179-8946
이메일 have2000@naver.com

값 15,800원
ISBN 979-11-972153-8-4 03370

* 잘못 만들어진 책은 구입하신 곳에서 교환해드립니다.
* 이 책의 전부 또는 일부 내용을 재사용하려면 사전에 저작권자와 마이북하우스의 동의를 받아야 합니다.

* 이 저서는 2017년 대한민국 교육부와 한국연구재단의 지원을 받아 수행된 연구임
  (NRF-2017S1A6A3A01078538).